DIE MENSCHENWEIHEHANDLUNG

Tom Ravetz

DIE MENSCHEN-WEIHEHANDLUNG

Ein Wegweiser mit Besinnungen zur Vertiefung

Urachhaus

2. Auflage 2026

ISBN 978-3-8251-5196-6

Erschienen im Verlag Urachhaus
Landhausstraße 82, 70190 Stuttgart
www.urachhaus.de

Bei Fragen zur Produktsicherheit wenden Sie sich bitte an
info@urachhaus.com
Umschlaggestaltung: Ursula Weismann
Umschlagabbildung: Ina Janke
Druck: CPI Druckdienstleistungen GmbH,
Ferdinand-Jühlke-Straße 7, 99095 Erfurt

Inhalt

Wie seine Beziehung zu seinem Arbeitspartner leitet sich auch die Beziehung des Menschen zu Gott aus der gemeinsamen Arbeit ab. Anstatt die Welt auszuschließen, um in die Tiefen des anderen einzutauchen, wie es die jugendlichen Liebenden tun, finden Gott und die Menschen gemeinsam Freude daran, miteinander eine Aufgabe zu erfüllen.

Harvey Cox[1]

Zur Einführung

Das gemeinsame Feiern der Menschenweihehandlung bildet den Mittelpunkt des Lebens der Christengemeinschaft. Der ungewöhnliche Name für das, was in anderen Kirchen verschiedentlich »Messe«, »Abendmahls-« oder »Eucharistie-Feier« genannt wird, bringt zum Ausdruck, dass dieser »Gottesdienst« gleichsam ein Dienst am Menschen ist. Der Mensch soll »geweiht«, das heißt geheiligt und verwandelt werden. Beim ersten Kennenlernen erahnen wir vielleicht, was mit der Zeit immer realer werden kann: Alle Anwesenden sind als Mitfeiernde gefragt. Dieses Buch richtet sich an alle diejenigen, die die Menschenweihehandlung kennenlernen oder ihre Beteiligung vertiefen wollen. Beide Gruppen werden hier hoffentlich Anregungen finden.

Folgende Fragen werden immer wieder wichtig sein:

- Was sind die Erlebnisse, die wir in der Menschenweihehandlung machen können?
- Wie können wir diese Erlebnisse durch Vorbereitung und Nachsinnen vertiefen?
- Wie gehen wir aus der Menschenweihehandlung verwandelt in die Welt hinaus?

Was hier wie ein Faden durch die Menschenweihehandlung betrachtet wird, hat keinen ausschließlichen Charakter und ist nicht als Vorgabe gemeint. Unsere Ausführungen wollen aber auf Erlebnisse aufmerksam machen, die möglicherweise von vielen schon gemacht worden sind. Und sie wollen diese Erlebnisse durch Begriffe erschließen, um weitere, möglicherweise noch tiefere Erlebnisse zu ermöglichen.

Im Text eingestreut finden sich *Besinnungen*, die als Anregung zur eigenen Vertiefung gemeint sind. Sie sind nicht als *Vorgaben* zu verstehen und sollen vielmehr Beispiele dafür sein, wie sich mit bestimmten Inhalten auf kontemplative Weise umgehen lässt. Jede Leserin und jeder Leser wird seine Art und Weise finden, seinen individuellen Zugang zur Menschenweihehandlung zu vertiefen; in diesem Bereich gibt es kein »richtig« oder »falsch«. Die Besinnungen wollen exemplarisch Möglichkeiten zeigen, wie man dem Mitfeiern der Menschenweihehandlung einen Raum in der Seele bereiten kann. Die Inspiration für die Besinnungen entstammt Rudolf Steiners Ausführungen zur geistigen Schulung.[2]

Das Buch folgt der Struktur der Menschenweihehandlung mit ihren vier Hauptteilen, die von einer Einleitung und einem Ausklang umgeben sind:

- In der *Evangelienlesung* bereiten wir uns auf das Hören des Evangeliums vor. Hier wird auch das Credo gesprochen, das als menschliche Antwort auf das Gotteswort des Evangeliums empfunden werden kann.
- In der *Opferung* versuchen wir, auf die Gabe der Schöpfung mit unserem Opfer zu antworten.

- In der *Wandlung* oder Transsubstantiation werden wir Zeugen dessen, wie sich der Christus mit dem Opfer verbindet.
- In der *Kommunion* empfangen wir die Stärkung des Brotes und des Weines als Leib und Blut Christi.

Am Anfang und am Schluss der Menschenweihehandlung werden während jeder Festeszeit besondere Gebete (»Epistel« oder »Zeitengebete«) gesprochen. Zwischen den Festeszeiten erfolgt an derselben Stelle ein Gebet, das die Trinität zum Inhalt hat (die »Trinitätsepistel«). Weitere Gebete folgen während der Festeszeiten zwischen den Hauptteilen der Menschenweihehandlung.

Die Person, die die Handlung feiert, der »Zelebrant« genannt, ist ein geweihter Priester oder eine geweihte Priesterin der Christengemeinschaft.[3] Im Zelebrieren werden Priester von zwei Ministranten (»dienenden« Laien) unterstützt, welche die Gemeinde vertreten. Priester tragen zum Zelebrieren ein langes schwarzes Gewand, den Talar, der während der Menschenweihehandlung nicht zu sehen ist. Darüber tragen sie die weiße Alba, einen Gürtel um die Taille, die über der Brust gekreuzte Stola und die Casula, ein Gewand, das vorn und hinten grafische Figuren trägt. Für die Evangelienlesung wird die Casula dem Zelebranten von einem Ministranten abgenommen, für das Sprechen des Credos wird dann die Stola abgelegt. Die Gewänder sowie das Antependium, das Tuch, welches vor dem Altar hängt, haben Farben, die sich mit den Festeszeiten ändern.

Sieben Mal im Laufe der Menschenweihehandlung bekreuzigt sich der Zelebrant unter Anrufung der göttlichen

Trinität mit dem großen Priesterkreuz. Wer seiner inneren Beteiligung an der Menschenweihehandlung Ausdruck verleihen möchte, kann währenddessen drei kleine Kreuze über den Stellen machen, wo in der Christengemeinschaft dem Täufling die geweihten Substanzen aufgetragen werden.[4] Wir können dabei die Vorstellung haben, dass wir durch diesen Akt den geistigen Strom des *Wassers des Lebens*, das durch die Menschenweihehandlung strömt, an uns heranziehen.[5]

Eröffnung

»Lasset uns die Menschenweihehandlung würdig vollbringen.«

Die ersten Worte der Menschenweihehandlung kündigen von unserem Willen als Gemeinschaft, die Menschenweihehandlung zu zelebrieren. Beim ersten Besuch kann es etwas befremdlich wirken, dass der Zelebrant mit dem Rücken zur Gemeinde spricht. Mit der Zeit kann das Erlebnis wachsen, dass dies die Gemeinde nicht *ausschließt*, sondern gerade dadurch einbezieht, weil alle in die gleiche Richtung schauen. Die Gemeinde bildet den Hörraum, aus dem der Zelebrant spricht. Man kann sich vorstellen, dass der Zelebrant äußerlich spricht, während er innerlich lauscht.

Viele Mitglieder, die die Menschenweihehandlung über einen langen Zeitraum miterlebt haben, erzählen, wie ihnen ohne besondere Anstrengung die Worte gegenwärtig werden; zum äußeren Hören kommt ein inneres Mitsprechen hinzu. Manchmal werden ihnen Worte aus der Menschenweihehandlung gegenwärtig, zum Beispiel in Situationen der Not oder als Inspiration, wenn sie die Nöte Anderer hören. Das muss nicht bedeuten, dass man lange Zitate wiederholt; aber das, was uns im gemeinsamen Vollziehen der Menschenweihehandlung berührt hat, lebt auf diese Weise in uns fort.

Ein Weg, wie das Wort in uns hineinfährt und uns nachher zur Verfügung steht, wird in der Menschenweihehandlung selber beschrieben. In der Epistel, die in der Frühe des ersten Weihnachtstages gesprochen wird, hören wir, dass das Wort uns nährt, dass es unsere Lippen berührt und sich in unseren Blutstrom ergießt. In der Evangelienlesung beten wir, das Wort Christi möge in unserem Herzen sein, damit wir es verkündigen können. In der Osterzeit hören wir den Ruf, der uns auffordert, das Wort in die Welt hinausgehen zu lassen, das Christus als »Erdensinn« verkündet. Das innere Mitsprechen der Menschenweihehandlung bildet den Anfang auf diesem Weg.

Mit wem vollbringen wir die Menschenweihehandlung? Schon lange lebt die Frage, wer zur Kirche Christi gehört. Oft neigen wir zu einer vereinfachenden Kategorisierung in »gute« und »schlechte« Menschen. Sind nur »gute« Menschen in der Kirche willkommen? Dann müsste ich mich selbst vielleicht ausschließen. Sind aber wirklich »schlechte« Menschen dabei? Dann möchte ich mich vielleicht lieber nicht beteiligen. Es kann sein, dass ich von jemandem, der der Gemeinschaft angehört, enttäuscht bin. Muss ich dann die Gemeinschaft verlassen und eine neue suchen, in der nur »gute« Menschen sind?

Oder was ist, wenn mein Problem mit dem Pfarrer zusammenhängt? Das ist ein besonderes Problem, da er eine tragende Rolle hat. Doch richtet sich das große »Lasset uns!« an alle Anwesenden, ohne Einschränkung und ohne äußere Bedingung. Oft komme ich auch zu der Einsicht, dass mein Problem letzten Endes gar nichts mit den einzelnen Menschen zu tun hat, sondern vielmehr mit der Grundsituation, dass wir alle sowohl gute wie auch schlechte Eigenschaften besitzen, und dass alles, was wir als Gemeinschaft unternehmen, davon geprägt ist. Daher ist meine Frustration nichts anderes als der Spiegel, in dem ich vor allem mich selber erkennen kann. Das gibt eine Basis, die es mir ermöglicht, mich fruchtbar ins Gemeindeleben einzubringen.

In der Theologie hat man zwischen der sichtbaren und der unsichtbaren Kirche unterschieden. Die sichtbare Kirche ist die real-existierende Kirche. Sie ist durchmischt. Die unsichtbare Kirche hingegen ist die vollkommene Kirche, die sich in der Endzeit offenbaren wird. In der Menschenweihehandlung können wir eine neue Erfahrung machen, wenn wir zum Schluss den Ausspruch hören:

»Die Menschenweihehandlung, das war sie!«

Dass dies als Tatsache einfach hingestellt werden kann, bedeutet, dass wir in Gemeinschaft etwas geleistet haben, zu dem keiner allein in der Lage gewesen wäre. Im Zelebrieren wird die volle Realität der Kirche im Hier und Jetzt verwirklicht.

Alle, die in dem Augenblick den Ruf des »Lasset uns!« innerlich mitsprechend hören, sind in die Gemeinde eingeschlossen, die gemeinsam mit dem Priester zelebriert. Im Laufe der Menschenweihehandlung bildet sich diese Gemeinde jedes Mal neu. Nach der Evangelienlesung spricht der Ministrant als Stimme der Gemeinde von einer Gemeindeseele, die sich zu Christus erhebt. Wenn ich mir bewusst mache, dass ich in diesem Moment von dem gleichen Evangelium erfüllt bin wie alle, die mit mir die Menschenweihehandlung feiern, kann ich mich in diese Seele eingeschlossen fühlen. Am Anfang der Opferung erweitert sich der Kreis graduell: um all die, die um uns sind, um die Gemeinschaft der »wahren Christen« sowie um die Verstorbenen. Eine weitere Vertiefung findet in der Wandlung statt, wenn der Zelebrant von dem »einen Herzen« der Gemeinde spricht.

In der Vorbereitung auf die Menschenweihehandlung können wir uns fragen, wer die Menschen in aller Welt sind, die aus Christi Kraft handeln – dies können auch Menschen sein, die den Christusnamen nicht kennen. Welcher Verstorbenen im Umkreis der Gemeinde erinnern wir uns? Welche Menschen, auch aus vergangenen Zeiten, könnten von jenseits mithandeln und uns ihre Hilfe zukommen lassen?

Wer lässt es zu?

Neben dem herkömmlichen Sinn der ersten Worte der Menschenweihehandlung gibt es einen zweiten. Wir können sie als ein Gebet hören, durch das wir erbitten, es möge zugelassen werden, dass wir die Menschenweihehandlung würdig vollbringen.

An wen könnte ein solches Gebet gerichtet sein? In der Weihnachtszeit folgt auf die Opferung ein Gebet, wodurch wir uns in den Opferhymnus der himmlischen Hierarchien einstimmen, deren Namen feierlich aufgerufen werden. Was in den Zeitengebeten oder Episteln zu einer bestimmten Festeszeit gesprochen wird, offenbart immer etwas, das das ganze Jahr über gilt, auch wenn es uns in dieser Festeszeit auf besondere Weise nahekommt.

Wir stehen in der Menschenweihehandlung einer Welt geistiger Wesenheiten gegenüber und bitten sie darum, dass wir uns in ihr Wirken eingliedern dürfen. Wenn wir die Namen, die da genannt werden, mit lebendigen Vorstellungen über die Wirkensweisen dieser Wesenheiten ausfüllen, erweitert sich der Kreis, in dem wir stehen, noch einmal.[6]

Zunächst können wir uns das Bewusstsein von Wesenheiten vorstellen, deren Wirken eng mit den Schicksalen einzelner Menschen und Menschengemeinschaften verbunden ist. In den Herausforderungen und Krisen des Schicksals können wir das Bewusstsein des Schutzengels erahnen, der auf das Schicksal des einzelnen Menschen schaut – vor allem aber auf die Möglichkeiten, die aus der intensiven Beschäftigung mit etwaigen Problemen seines Lebens hervorgehen können.

Wenn wir an Gemeinschaften denken, können wir das Bewusstsein der Erzengel spüren, das mehrere Einzelschicksale umfasst. Der Sphäre der Erzengel nähern wir uns mit solchen Fragen wie:

- Was machen wir als Gemeinde durch?
- Wie können wir uns die Sorgen der Geister vorstellen, deren Bewusstsein ganze Nationen umfasst?

Darüber hinaus können wir uns im Annähern der Sphäre der Archai oder Zeitgeister das Schicksal der ganzen heutigen Menschheit vor Augen führen:

- Was sind die Herausforderungen, mit denen wir als Menschheit ringen und die wir als Katastrophen oder Fortschritte wahrnehmen?
- Wie schaut der Geist der gegenwärtigen Zeitepoche auf sie?
- Wo sieht er Chancen für neues Lernen, neue Kreativität?

Wenn wir bei der Bekreuzigung den Heiligen Geist anrufen, erbitten wir, dass er uns erleuchten möge: Unser begrenztes Bewusstsein soll mit seinem umfassenden Bewusstsein immer mehr eins werden. Engel, Erzengel und Archai – als dritte Hierarchie zusammengefasst – wirken für diese Erleuchtung in individuellen Schicksalen, in Gemeinschaftsschicksalen, in der Geschichte des Zeitalters.

Die Wirksamkeit der Wesenheiten der zweiten Hierarchie reicht weit über die Schicksale einzelner Menschen hinaus. Das sind die Geister, die in der Schöpfung wirksam sind. Diesen Wesenheiten gab Rudolf Steiner neue Namen, die ihre jeweilige Wirksamkeit in der Schöpfung konkret werden lassen: Form, Entwicklung und sinnvolle Richtung (zusammengefasst in den Namen »Geister der Form«, »Geister der Bewegung« und »Geister der Weisheit«) sind die Grundbedingungen für alles Werden. Wenn wir Menschen schöpferisch werden, dann wirken diese Wesenheiten in dem, was wir schaffen, mit.

Dies gilt auch für die Menschenweihehandlung, die eindeutige Formen bewahrt, in denen sich das Leben dieses Sakraments entfalten kann und die einem Ziel dienen. Das Schaffen der Wesenheiten der zweiten Hierarchie ist der Ausdruck des Sohnesgottes, von dem wir in der Bekreuzigung erbitten, dass er in uns schaffen möge.

Es fällt uns schwer, uns den Aspekt der Wirklichkeit vorzustellen, der noch tiefer liegt als das Werden, das Entstehen und das Vergehen. Wenn wir alles, was sich ändert und verwandelt, wegdenken, gelangen wir zuletzt an das Sein selber. Ehe es ein *Werden* geben kann, muss das Fundament der Welt als ein *Seiendes* gegeben sein. Wie tritt das Nicht-Seiende in das Sein hervor? Gab es vor unserer Welt eine Welt, aus der das Sein unserer Welt hervortrat? Im zwanzigsten Jahrhundert wurde diese Frage zum Erstaunen vieler noch einmal aktuell, als mit den Entdeckungen in der physikalischen Kosmologie das Bild eines deutlichen Anfangs des Universums wieder aufleuchtete. Vor der »Singularität« des Anfangs war die Welt reine Potenz. Die Vorstellungen der Wesenheiten der ersten Hierarchie und ihre Wirksamkeit machen es möglich, das Sein nicht als bloße Tatsache, sondern als Ergebnis von Opfertaten höchster Wesenheiten und deren Ergebenheit an die Intentionen des göttlichen Vaters selbst hinzunehmen (siehe unten: *Hierarchien,* S. 57 ff.).

Eine Möglichkeit, sich auf das Mitfeiern der Menschenweihehandlung vorzubereiten, wird in folgender Besinnung angedeutet:

Besinnung: Zwei Kreise

Ich stelle mir den Weiheraum vor. Ich sitze inmitten der Gemeinde, welche die Menschenweihehandlung gemeinsam vollbringen will. Ich denke an Menschen, die wahrscheinlich nicht dabei sein werden, von denen ich aber weiß, dass sie die »heilbringende Macht« des Christus kennen. Das kann solche Zeitgenossen umschließen, deren Ziele der wahren Menschlichkeit dienen, auch wenn sie den Christusnamen nicht kennen.

Ich denke an die Verstorbenen, die ich persönlich kenne – vielleicht zunächst an solche, die während ihres Lebens an der Menschenweihehandlung teilgenommen haben. Dann erweitere ich den Blick auf andere und stelle mir die Frage, ob sie jetzt im nachtodlichen Leben nach Orten der Verwandlung suchen. Ich fühle alle diese Menschen in einem großen Kreis um mich.

Nun schaue ich nach vorn zum Altar. Im Altarbild kommt mir der Christus entgegen. Ich stelle mir vor, wie die Wesenheiten der himmlischen Hierarchien ihn umgeben. Auch hier erweitern sich die Kreise: bei den Engeln beginnend, deren Sorge die einzelnen Menschen sind, über die Geister, die sich um die Gruppierungen der Menschen kümmern, bis zu dem Geist, dessen Bewusstsein die ganze heute lebende Menschheit umfasst. Ich stelle mir das Wirken der Schöpfergeister vor, deren Kräfte in der Menschenweihehandlung wirken. Dann versuche ich, mir die Wesenheiten vorzustellen, deren Liebesopfer dem ganzen Sein zugrunde liegt. Diese Kreise breiten sich hinter dem Altar aus. Der Altar ist der Punkt, an dem sich die beiden großen Kreise der Menschen und der hierarchischen Wesenheiten kreuzen.

Ich versuche, diese Bilder so lebendig wie möglich in meiner Seele aufzurufen. Dann lasse ich sie sich

auflösen, bis nur der Raum zurückbleibt, in dem sie waren. In diesen Raum hinein lausche ich den Worten:
»Lasset uns die Menschenweihehandlung würdig vollbringen!«

Weihehandlung

Weihen bedeutet »heilig machen«. In der alten Welt bedurfte das, was dem Profanbereich durch Weihen entnommen wurde, des Schutzes einer rituellen Hygiene. Ein solches Verhältnis zu den Gegenständen des Alltags kennen wir noch, wenn wir ein besonderes Geschenk nicht sofort in Gebrauch nehmen wollen oder die Nutzung eines bestimmten Raumes besonderen Zwecken vorbehalten.

Im Neuen Testament vollzieht sich aber ein großer Wandel: Das Heilige erhält nun die Kraft, selber zu weihen. Jesus *lebte* diese neue Einstellung gegenüber dem Heiligen. Er suchte die Gesellschaft unreiner Menschen auf, berührte Aussätzige und ließ sich von Kranken anfassen. Das ging gegen den Sinn der Heiligkeitsgesetze der jüdischen Religion. Das erklärt er, indem er sagt: »Nicht das, was zum Munde eingeht, macht den Menschen unrein; nein, was aus dem Mund herauskommt, macht den Menschen unrein« (Mt 15, 11; Übersetzung: Heinrich Ogilvie). Wenn auch heute noch zu bestimmten Zwecken eine Art von ritueller Hygiene nötig ist, ist die neue Richtung klar: Aus dem, was heilig ist, geht die Kraft hervor, die Welt zu verwandeln.

Paulus schreibt an die Urgemeinden als an »die Heiligen«. Die ersten Christen erlebten offenbar in der Begegnung mit Jesus Christus in Taufe und Eucharistie eine Weihe ihres Menschseins. Die Berührung mit Jesus Christus, die wir in der Menschenweihehandlung suchen, soll uns weihen, sodass wir verwandelt aus ihr hervorgehen. Das heißt nicht, dass wir einen Status als »Heilige« erhalten, der uns aus der Welt heraushebt. Im Gegenteil: Die Weihe des Menschen verbindet uns auf tiefere Weise mit der Welt, wie es in der Kommunion ersichtlich wird (siehe unten: *Sich einen mit dem Werden der Welt*, S. 88 ff.).

Der Name »Menschenweihehandlung« stellt unseren Gottesdienst in den großen Rahmen der Heilsgeschichte. Für die Einheit mit der geistigen Welt bestimmt, musste der Mensch in eine getrennte Welt verbannt werden. Nur eine solche Welt mit ihrer Mischung von Gutem und Bösem bietet ihm den Schauplatz, auf dem er sich zum freien Entschluss, schöpferisch zu lieben, entwickeln kann. Sein Fall aus der Einheit bedeutet eine »Entheiligung«. Die Inkarnation Christi hatte als Ziel die Weihe des Menschen, seine Erhebung zu dem, was er einst werden sollte.[7] Sie war in diesem Sinne die erste Menschenweihehandlung.

Christus in Euch!

Acht Mal im Verlauf der Menschenweihehandlung wendet sich der Zelebrant um und spricht mit segnender Gebärde zur Gemeinde: »Christus in euch!« Wenn unsere Aufgabe, im Hören mitzusprechen, für uns immer realer wird, merken wir, dass dies besondere Augenblicke sind: Hören und Sprechen gehen umso intensiver ineinander über, je mehr wir innerlich den Ruf mitsprechen, der uns selber direkt anspricht.

Alle Gemeinschaft beruht darauf, dass wir uns wechselseitig über unser Innenleben austauschen können. Wir haben uns in der Moderne an die Bestimmung des Menschen als *homo sapiens*, den »Wissenden«, gewöhnt. Kein Wunder, dass dies in der Zeit der Aufklärung als Essenz des Menschseins angesehen wurde, wo der einsame Forscher in seinem Arbeitszimmer als Inbegriff menschlichen Fortschritts angesehen wurde. Aber Wissen ohne Kommunikation bringt niemandem etwas; wir erleben uns in unserem Menschsein vielmehr als *homo loquens*, als »Sprechende«. Das war die Einsicht der Weisheit der alten Mysterien und später der Philosophen, die den Menschen als Wort-Träger oder auch *Logos*-Begabten ansahen.

Ehe wir sprechen, sind unsere Gedanken beweglich, weil sie noch nicht fixiert sind. Im Aussprechen nehmen sie Form an: Eine flüchtige Inkarnation in einen Leib von Luft und Feuchtigkeit gibt ihnen Bestand. Wenn sie gehört worden sind, beginnen sie eine von uns unabhängige Existenz. Dieses Erleben im Alltag lässt uns den göttlichen Logos erahnen, das Urprinzip der Schöpfung. Bevor die Welt war, lebte der Logos als Vorstellung im Sinn Gottes. Die ganze Schöpfung – die erstaunliche Vielfalt der Lebewesen, die unergründlichen Tiefen der Sternenwelten, all die Facetten menschlicher Erfahrung – existierte als Potenzial in der Vorstellung Gottes, als noch nicht ausgesprochenes Wort. Schöpfung bedeutet den Augenblick, in dem Vorstellung Wort wird: »Und

Gott sprach, es werde Licht!« Alles, was wir um uns herum sehen, ist der Gedanke Gottes, der in der Schöpfung Form angenommen hat. Wir können den Opferwillen des Gottes erahnen, der sich aus der Fülle des reinen Potenzials in die Beschränktheit der gewordenen Schöpfung ergießt.

Als dritten Schritt des Logos in die Welt sahen die Philosophen der Antike den Menschen an. Der Logos wurde als Wortkeim in sein Inneres hineingelegt. Das, was als innerer Logos in uns lebt, verbindet uns nicht nur mit unseren Mitmenschen, sondern auch mit dem Logos in der Welt. Jedes Sprechen, jedes Verstehen ist nur möglich, weil wir mit Logos-Kraft begabt sind. Dieselbe Kraft macht es möglich, dass wir auch die Welt als Gottes Botschaft verstehen können.

Zu Weihnachten wird der Weg des Logos auf die Erde zu aufs Neue gegenwärtig. In der Menschenweihehandlung wird er als das Gnadenlicht um Mitternacht offenbar; in der Frühe berührt er uns als »heilendes Schöpferwort«. Am Morgen hören wir die Botschaft, dass das schöpferische Wort als Jesus Christus Mensch geworden ist.

»Christus in Euch!« – Ist dieser Satz Behauptung oder Wunsch?

»Christus *ist* in Euch« oder »Christus *sei* in Euch«? Indem wir diese Worte hören und verstehen, erweisen wir uns als Logos-begabt. Doch wenn wir uns darauf besinnen, wie anders sich unser Leben gestalten würde, wenn wir ausschließlich aus dem göttlichen Keim in uns handelten, dann wäre es eine Anmaßung, wenn wir von uns behaupteten, wir »hätten« schon das göttliche Wort. Mensch-Sein heißt, die Spannung zwischen dem, was wir sind, und dem, was wir sein könnten, auszuhalten. Der Logos ist schon jedem

Menschen als sein göttliches Erbe mitgegeben, doch wartet er darauf, zur vollen Entfaltung gebracht zu werden. Der Logos, der Mensch geworden ist, tritt uns entgegen und ruft im »Christus in Euch!« den Logos-Keim, der in den Tiefen unseres Wesens schlummert, zu neuem Leben auf. Dass just in diesem Augenblick die Gemeinde eine Stimme bekommt und durch den Ministranten antwortet: »Und Deinen Geist erfülle er!« können wir als erstes Zeichen dieses neuen Lebens empfinden.

Besinnung: Trinität

»Der Vatergott sei in uns;
der Sohnesgott schaffe in uns;
der Geistgott erleuchte uns!«

Ich besinne mich auf das Geschenk meines Bewusstseins, das auch diese Besinnung möglich macht. Ich blicke auf die Ereignisse des Tages zurück und merke, wie reich mein Erleben war, wenn es mir gelang, den anderen Wesen, den anderen Menschen meine Aufmerksamkeit zu schenken. Ich werde mir dessen bewusst, dass die Verbindung, die durch diese Aufmerksamkeit entstand, das Geschenk des Geistes war. Ich bete, dass er mich weiterhin erleuchten möge.

Ich richte meine Aufmerksamkeit auf mein Leben. Tief unter dem Spiegel meines Bewusstseins entfalten sich die Kräfte, die mich am Leben halten. Ich besinne mich auf meinen Werdegang. Was wäre ich für ein Wesen, wenn ich mich nicht hätte entwickeln können? Was wäre das für eine Welt, in der kein Werden möglich wäre? Ich danke dem Sohnesgott für das Geschenk meines Werdens, das seiner fortdauernden schöpferischen Tätigkeit entspringt. Ich stelle mir vor, alles wie Zwiebelschalen abzulösen, was das Sein überdeckt. Auch die Gebirge, die als Bild für das Seiende genommen werden können, entwickeln sich fortdauernd weiter. Was liegt jedem Werden, jedem Entfalten zugrunde? Ich schaue auf das Sein wie auf ein Geschenk. Ich bete, dass der Vatergott mein Sein weiterhin erhalten möge. Das gibt mir in allen Vorkommnissen meines Schicksals Sicherheit.

I

Das Gotteswort: Die Evangelienlesung

»Mein Herz erfülle sich mit
deinem reinem Leben, O Christus.«

Das Leben Christi

Der erste Hauptteil der Menschenweihehandlung, die Evangelienlesung, könnte genauso gut »Hören des Evangeliums« heißen, da der Kommunikationsakt noch nicht erfüllt ist, bis das Wort tatsächlich gehört worden ist. Im Kommunikationsakt wirkt der Heilige Geist, der als verbindendes Element Hörer und Sprecher aufeinander bezieht: »Der Geist wird nicht aus sich selbst heraus reden, sondern er wird sagen, was er hört, und euch verkünden, was kommen wird« (Joh 16,13). Seine Diener sind die Engel – griechisch: *angeloi* oder Botschafter.

Das Evangelium spricht eine Grundbotschaft aus, wie es die ganze Bibel tut: Die göttliche Welt teilt sich uns mit; sie will mit uns kommunizieren. Schon die Erschaffung der Welt ist die Uroffenbarung der schöpferischen Liebe Gottes, wenn wir im Buch der Natur lesen können.[8] Die Erdeninkarnation Christi, die im Evangelium weiterlebt, setzt diese Kommunikation fort.

Alles, was wir erleben, hinterlässt Spuren. Die Hirnforschung der letzten Jahre zeigt, wie sich jedes Erlebnis dem

Gehirn einprägt. Verknüpfungen werden geschaffen, die später der Seele und unserem Erinnerungsvermögen auf noch nicht vollständig geklärte Weise zur Verfügung stehen. Was wir sprechen und tun, prägt sich auch anderen ein. Wir tragen die Spuren dessen in uns, was wir erlebt haben, und wir leben auch in unseren Mitmenschen fort, sofern wir sie berührt, bei ihnen einen Eindruck hinterlassen haben. Wenn wir die Vorstellung haben, dass solche Erlebnisse »real« sind, auch wenn wir sie nicht mit Händen greifen können, dann liegt auch die Vorstellung nahe, dass uns – zu den Schichten der Erdenatmosphäre hinzukommend – eine lebendige Sphäre der Erinnerungen umgibt.

Wenn wir uns an einen Verstorbenen erinnern, ertasten wir diese Sphäre. Etwas lebt in uns als Gegenpart zu dem fort, der nun seinen Weg im nachtodlichen Leben sucht. Durch eine offene, fragende Pflege unserer Erinnerungen können wir hierauf unsere Beziehung zu den Verstorbenen vertiefen. Unser Verständnis für sie wächst: Gewisse Grundgesten des Lebens bleiben erhalten, während die Einzelheiten der Biografie allmählich schwinden. Mit der Zeit kann in uns der Eindruck wachsen, dass wir sogar noch neue Seiten dieses Wesens kennenlernen, die über das hinausgehen, was uns zu seinen Lebzeiten zugänglich war.

In seinen Briefen schöpft Paulus als Zeitgenosse Jesu, dem er aber nicht begegnet ist, aus den lebendigen Erinnerungen an das Leben Christi, welche er mündlich empfangen hat. Darüber hinaus spricht er aus dem, was er vom Auferstandenen direkt empfängt. Beide Quellen sind für ihn von gleicher Bedeutung: Tradition und direkte Wahrnehmung geben ihm Grund für seine Haupttätigkeit: *euangelizesthai*, das Predigen des Evangeliums. In einer Zeit, in der das Evangelium noch kein fertig geschriebenes Buch war, predigt Paulus das, was das Erleben des Evangeliums in seinen Hörern und Lesern entfachen wird, damit sie in die lebendige Sphäre der Taten des Christus wachsen können. Auch Johannes bezieht sich auf diese Sphäre, wenn er von der Unmöglichkeit spricht, das ganze lebendige Evangelium, das alle Taten Christi umfasst, in Büchern zu schreiben:

> »Noch vieles andere aber gibt es, was Jesus getan hat. Wollte man alles im Einzelnen aufschreiben, so könnte, meine ich, die Welt die Bücher nicht fassen, die zu schreiben wären.« (Joh 21,25)

Indem wir die Gebete hören, die der Evangelienlesung vorausgehen, tasten wir uns in die Sphäre des Lebens Christi herein. Was dann als Evangelium erklingt, ist das Leben Christi, das sich in unserem Herzen neu gebären will.

Das Herz wird voll

Wenn uns jemand durch echtes Zuhören das Herz öffnet, spüren wir das sofort. Und wenn es uns selbst gelingt, auf diese Weise zuzuhören, wird die Seele still. Es kann sogar vorkommen, dass wir wie aus einem Traum Einsichten empfangen, die wir dann dem Gesprächspartner mitteilen können. Die moderne Forschung belegt solche Empfindungen auch wissenschaftlich: Wenn nur das Gehirn engagiert ist, bleibt das Gespräch oberflächlich. Man kann ein tieferes

Gespräch schon dadurch fördern, dass die Gesprächspartner angeregt werden, auf ihren Pulsschlag zu achten.[9]

Das Herz ist das Wahrnehmungsorgan für den Anderen. Es hat auch die Möglichkeit, die höhere Welt wahrzunehmen. Im Alten Testament wird dem Volk Israel immer wieder vorgeworfen, dass sein Herz verstockt sei.

Wie aber wird das Herz empfänglich? Im 5. Buch Mose begegnen wir einem erstaunlichen Motiv: »So beschneidet nun die Vorhaut eures Herzens und seid nicht mehr halsstarrig!« (5 Mose 10,16).

Dieses Bild schließt an die Beschneidung an, also an den rituellen Akt des Eingliederns in das hebräische Volk. Dem Körper musste eine Wunde zugefügt werden, damit der Angehörige dieses Volkes für den Gott, dem das Volk diente, empfänglich wurde. Wenn das Herz äußerlich verstopft wird, gilt höchste Alarmstufe. Viele Menschen versuchen heute, dafür sensibel zu werden, wenn sich ihr Herz innerlich verstockt, beispielsweise durch die Beschäftigung mit der »Gewaltfreien Kommunikation« nach Marshall B. Rosenberg.[10] Immer wieder gelangen wir in Situationen, die uns im Fühlen überfordern. Schaffen wir es dann, innezuhalten und die aufgestauten Gefühle fließen zu lassen? Dafür bedarf es Geduld und Mut. Doch wir kommen dadurch dem Kern unseres Wesens näher, dem Kern, in dem der Logos, das Schöpferwort, wohnt.

Dieses Ringen um das offene Herz begleitet uns besonders in der Passionszeit, wenn wir den »Stachel des Bösen« im Herzen erleben. Können wir uns vorstellen, dass der Stachel dem Herzen eine Wunde zufügt? Dann würde sich hinter diesem starken Bild die Möglichkeit einer Heilung verbergen: Die Wunde macht uns verletzlich – und dadurch für die Welt offen.

Die Zeitengebete der Menschenweihehandlung zeichnen einen Weg des Herzens durch das ganze Jahr. Mit der Zeit können wir lernen zu empfinden, wie der kleine Rhythmus von Öffnen und Schließen, Empfangen und Geben, der sich in jedem Pulsschlag abspielt, einen Gegenpart im Jahresrhythmus hat.

Am Anfang des Kirchenjahres im Advent erleben wir die empfangende Seite des Herzens, die das Heil fühlt und betend das Geisteslicht in der Weihenacht empfindet. Zu Epiphanias schenkt das Herz seine Wärme und Herzensliebe. In der Selbsterkenntnis, die in uns in der Passionszeit als Aufgabe gegeben wird, erleben wir eine Leere im Herzensbereich. Der Begriff »herzlos« belegt sprachlich, dass es offensichtlich möglich ist, das innere Herz zu vergessen oder gar zu verlieren. Das kann dann in das Feuer der Scham übergehen, welches sogar eine hilfreiche, reinigende Wirkung haben kann. Etwas, das wir im Schämen bitter bereuen, zum Beispiel, wenn wir jemandem durch Herzlosigkeit ein Leid zugefügt haben, werden wir nicht so schnell wiederholen. In der Karwoche steigert sich die Leere des Herzens zu einem Brennen.

Die Oster-Epistel spricht, wie das Oster-Evangelium auch, vom leeren Grab. Dann deutet sie statt auf den Garten auf das Herz, das sich mit der Gegenwart des Auferstandenen füllt. Der Pulsschlag wird zu einer jubelnden, heilenden Macht, die den Gottes-Geist lobt. Im weiteren Verlauf des Jahres entwickelt das Herz ein Sehvermögen, das dann Pfingstflammen ausstrahlt – wie die Strahlen, die auf Bildern aus dem Mittelalter aus den Augen der Engel hervorgehen. Zu Johanni verwandelt sich das brennende Herz der Passionszeit in das brennende Wort des Täufers in unseren Herzen.

Die Krönung des Herzensjahres ist erreicht, wenn zu Michaeli das Geheimnis der treibenden Kraft offenbar wird, die in dem großen »Lasset uns!« am Anfang der Menschenweihehandlung lebt: Michael holt diese Kraft aus dem Herzen hervor. Die empfangende Seite des Herzens kommt auch hier zum Tragen: Das Herz empfängt den Geist, wenn das Herzensfeuer, das seit Pfingsten gewachsen ist, sich richtig entzündet. Alle diese Bilder stehen im Hintergrund, wenn wir die Gebete hören, die die jeweilige Evangelienlesung vorbereiten.

Das Wort zum Leben bringen

Jeder Versuch, sich in die Welt der Evangelien zu vertiefen, kann das Erleben der Evangelienlesung in der Menschenweihehandlung vertiefen. Es gibt viele Ansätze, wie wir die Inhalte der Evangelien in uns zum Leben erwecken können. Auch die Auswahl des Inhaltes bietet viele Möglichkeiten: Man kann im ersten Kapitel des Matthäusevangeliums beginnen und systematisch die Evangelien durchgehen. Man kann aber auch die Wochenlesungen der Menschenweihehandlung nehmen, entweder vorbereitend im Voraus oder nachdem man die Lesung für diese Woche vom Altar gehört und vielleicht durch die Predigt einen Impuls zur Vertiefung empfangen hat. Hier möchte ich auf zwei Möglichkeiten hinweisen.

Die erste ist die sogenannte *lectio divina*. Diese uralte Methode wurde im 12. Jahrhundert zu einem System entwickelt. Ihre Wurzeln hat sie in der Theologie des Origenes (ca. 184–ca. 253). Er sah im Evangelium ein Sakrament, das heißt: eine sinnlich-wahrnehmbare Verkörperung des göttlichen Logos. »In den Schriften wurde das Wort Fleisch, damit er unter uns die Stiftshütte einrichten konnte.«[11] Eine Wesensbegegnung mit Christus ist laut Origenes im Meditieren des Evangeliums möglich, wenn wir tief in seine Welt einsteigen. Die *lectio divina* verläuft in vier Schritten:

1. In der *lectio* (Lesung) liest man den Text wenigstens zwei Mal laut vor, auch wenn man alleine ist.
2. In der *meditatio* (Meditation oder Besinnung) wählt man einen Vers oder einen Satz aus, der einen besonders anspricht. Diesen versucht man nun, so tief wie möglich zu verstehen. Was ist der Sinn des Verses? Was bedeuten die einzelnen Worte, die einzelnen Sätze? Gibt es Anklänge an andere Stellen im Evangelium oder in der ganzen Bibel?
3. Wenn in den ersten beiden Schritten das Wort zu uns gesprochen hat, geht es in der *oratio* (Gebet) um unsere Antwort. Man versucht, den Text fühlend zu erleben und auf das zu achten, was als Resonanz oder Antwort in einem entsteht. Das geht leicht in die Stimmung des Gebets über.
4. Als letzten Schritt lässt man in der *contemplatio* (Kontemplation) alles aus der Seele schwinden, sodass nur der Nachklang übrigbleibt. Man versucht, diese besondere Stille so lange zu erhalten, wie man kann.

In der nächsten Besinnung deute ich an, wie sich mit dem folgenden berühmten Passus, dem sogenannten »Evangelium im Evangelium«, unter Anwendung der *Lectio* umgehen lässt. Jeder wird natürlich seine eigenen Gedanken und Gefühle entwickeln.

Besinnung: Gottes Liebe für die Welt

»Denn also liebte Gott die Welt, dass er den Sohn, den eingeborenen, gab, damit jeder, der ihm vertraut, nicht zugrunde gehe, sondern überdauerndes Leben habe.« (Joh 3,16)

Nachdem ich diese Worte zwei- oder sogar viermal vorgelesen habe, versuche ich, ihren Sinn zu ergründen. Ich denke an die Hingabe des Schöpfers an seine Schöpfung; an Gottes Treue zur Menschheit, wie sie schon in Alten Testament offenbar wird, auch wenn das Gottesvolk den Bund wiederholt gebrochen hat. Ich bringe die Liebe Gottes zur Welt damit in Verbindung, was die Welt an Ungutem und Widerständlichem beinhaltet: Was muss die göttliche Welt alles mitleiden und austragen, wenn sie schließlich doch die Welt liebend bejaht? Ich denke über das Wesen des Glaubens nach, vielleicht indem ich auf den Begriff des »Vertrauens« eingehe (in einer anderen Übersetzung heißt es: »die ihm sein Herz öffnen«), die deutlich machen will, dass Glauben viel mehr ist, als ein schwächeres Erkennen. Was heißt es, jemandem mein Herz zu erschließen? Ich erinnere mich an Gesprächssituationen, in denen ich das erlebt habe. Ich versuche mir klarzumachen, was mit dem »überdauernden Leben« gemeint sein könnte. Was bleibt über den engen Horizont meines jetzigen Lebens hinaus? Was wird über das Weltenende hinaus Bestand haben?

Dann versuche ich, all dies fühlend zu erleben. Vielleicht habe ich gemerkt, wie viele Probleme im Zusammenleben ihre letzte Ursache darin haben, dass wir Menschen daran zweifeln, ob wir liebenswürdig sind; ob wir etwas wert sind, auch wenn wir Fehler begangen haben, auch wenn wir uns wegen etwas schämen. Wieviel Unheil im Sozialen könnte vermieden werden, wenn wir nur merken würden, dass diese Frage schließlich nur zwischen uns und der göttlichen Welt entschieden werden kann, und dass wir niemanden sonst damit belasten müssen! Alles das könnte in ein Gebet übergehen, in dem ich darum bitte, dass ich die Wirklichkeit der Liebe Gottes real empfinden möge.

Ich stelle mir das Opfer der göttlichen Welt vor: die Inkarnation Christi, sein Leiden und seinen Tod. Ich empfinde dieses Opfer als einen Beweis der Liebe Gottes, die wirklich alle Menschen und alle Wesen umfasst. Kann ich die Tiefe einer Liebe empfinden, die selbst Pol Pot oder Adolf Hitler miteinschließt? Und nicht zuletzt: die mich selbst

mit einschließt? Das kann in die Gebetsstimmung übergehen: Ich bete, dass die Menschen immer mehr erleben mögen, dass sie geliebt sind.
Zum Schluss rufe ich mir den Vers noch einmal in den Sinn. Der Wortlaut klingt nach. Alle Gedanken, alle Gefühle legen sich wieder. Ich achte auf die Stille, die im Zentrum meiner Seele entsteht.

Die folgende Herangehensweise, die häufig in Evangelienkreisen in Gemeinden der Christengemeinschaft angewandt wird, eignet sich sehr gut für die Wochenlesungen oder Perikopen (*griech.* Ausschnitte). Das sind die Passagen, die während der Weihehandlung gelesen werden, und zwar nach einer Ordnung, die mit den Jahresfesten zusammenhängt.[12]

1. Zunächst macht man sich mit der Lesung durch wiederholtes Lesen bekannt. Es kann hilfreich sein, den Text einige Male zu lesen und dann die Bibel beiseite zu legen, während man versucht, die einzelnen Schritte des Abschnittes zu rekonstruieren, vielleicht mit der Frage: Was geschah als Nächstes? Erst wenn die Folge der Ereignisse oder Gedanken klar vor Augen steht, geht man zum nächsten Schritt über.
2. Man versucht, sich die Erzählung vorzustellen, zum Beispiel, indem man sie sich auf einer inneren Bühne abspielen lässt. Da kommt man oft zu einer Vielzahl an Fragen, die man nicht beantworten kann: Welche Kleidung trugen die Menschen damals? Saßen oder lagen sie zu Tische, wie die Archäologen behaupten? Wie sah ein

Laib Brot aus? Bei dieser Arbeit geht es in erster Linie nicht um historisch gesicherte Forschung, sondern darum, sich für ein Bild zu entscheiden, das man mit der Zeit auch korrigieren kann. Oft merkt man, dass man sich beim Lesen nichts vorgestellt, sondern nur vage Begriffe auf dem Schauplatz des Bewusstseins hin- und hergeschoben hat.

3. Im dritten Schritt versetzt man sich in eine der handelnden Personen und versucht, die Erzählung aus deren Sicht zu erleben. Das kann man mit einer Randfigur versuchen, indem man sich vorstellt, dass man am Abend zu einem Freund sagt: »Rate mal, was ich heute gesehen habe.« Schon dadurch verbindet man sich enger mit dem Geschehen. Danach ist es gut, wenn man sich selbst als einen der Hauptakteure vorstellt, zum Beispiel als den Kranken in einer Heilung. Schließlich kann man sich in aller Demut die Erlebnisse Jesu vorzustellen versuchen. Es lohnt sich sehr, jeden Schritt gut abzuschließen, bevor man mit dem nächsten beginnt.

Besinnung: Der Blinde

»Als er sich Jericho näherte, geschah dies: Ein Blinder saß bettelnd am Wege. Als er die Menschenmenge hörte, die vorüberzog, fragte er, was das sei. Man berichtete ihm: Jesus der Nazoräer kommt hier vorbei. Da rief er: Jesus, Sohn Davids, erbarme dich meiner. Die Vorausgehenden fuhren ihn an, er solle still sein. Doch er rief noch lauter: Sohn Davids, erbarme dich meiner. Jesus blieb stehen und gebot, dass man ihn zu ihm führe. Und als er herankam, fragte er ihn: Was willst du, dass ich für dich tue? Er sagte: Herr, dass ich wieder sehen kann! Und Jesus sagte zu ihm: Du sollst wieder sehen, dein Vertrauen hat dich geheilt. Und auf der Stelle konnte er sehen, und er folgte ihm nach, Gottes Offenbarung preisend. Und das ganze Volk, das dies sah, lobte Gott.« (Lk 18,35-43)

Als mögliche Anregung für den ganz individuellen Umgang mit diesem Text bringe ich einige Fragen, die beim zweiten Schritt hilfreich sein könnten:
Wo saß der Blinde? Saß er auf einem Stuhl? Hielt er ein Schälchen in den Händen?
Was ist es für eine Art von Gruppe, die am Anfang vom Evangelisten als »Menschenmenge« bezeichnet wird? Was für Emotionen gehen in den Menschen vor, die so selbstsicher den Blinden zum Schweigen bringen wollen? Was geht in ihnen vor, wenn er sich nochmals behauptet? Was ist in den Menschen vorgegangen, das bewirkt hat, dass sie am Schluss zum Volk (griech. *laos*, Tempelgemeinschaft, woher unser Wort Laie kommt) geworden sind?
Für den dritten Schritt bietet sich das innere Erleben des Blinden sehr gut an: Wie ist es, bettelnd am Straßenrand zu sitzen und ganz aufs Hören angewiesen zu sein? Was kostet es an Kraft, eine Menschenmenge mit einer Frage aufzuhalten? Wie steigert sich dies, wenn man zum zweiten Mal ge-

nötigt ist, zu rufen? Was hat der Blinde gefühlt, als plötzlich die Stille eintrat und Jesus ihn zu sich rief? Wie war der Gang nach vorn? Sprachen die Menschen, an denen er vorbeiging? Spürte er ihre Ungeduld? Wie war es, die Frage Jesu zu hören? Musste er sich noch einmal prüfen, nachdem er sich gegen die Menge behauptet hatte: Wie stark ist sein Wille, sehend zu werden? Wie war der Augenblick, als er geheilt wurde? Was war das für ein Erlebnis, als Ersten den zu sehen, der ihn geheilt hatte?

Worte, die etwas ausmachen

Die Menschen, die die Predigt Johannes' des Täufers hörten, fühlten sich existenziell berührt. Sie fragten ihn: »Was sollen wir dann tun?« (Lk 3,10) In der frühen Kirche war es von großer Wichtigkeit, ob sich jemand zu dem, was er als Evangelium gehört hatte, bekennen konnte. In den ersten drei Jahrhunderten, als die junge Gemeinde der Christen im Römischen Reich bestenfalls geduldet und schlimmstenfalls verfolgt wurde, konnte das eine Frage von Leben und Tod sein.

Auch in friedlichen Zeiten war der Weg in die Kirche kein bloß äußerlicher Akt. Er ähnelte vielmehr einer Einweihung mit einer langen Vorbereitung, die sich in der Nacht von Karsamstag auf Ostersonntag zuspitzte. Man bekannte sich zu seinen Sünden und legte die Kleidung ab. Dann wurde man ins Wasser des Taufbeckens getaucht. Dreimal stieg man hinunter, und dreimal wurde man aus dem Wasser heraufgeführt, jedes Mal unter Anrufung der Fragen: »Glaubst du an Gott, den Vater, den Sohn, den Heiligen Geist?«, und dreimal hatte man die Antwort zu leisten: »Ich glaube!«, lateinisch: *credo*. Das war der Ursprung der Glaubensbekenntnisse, wie sie in den Kirchen noch heute gepflegt werden.

Das stille Mitsprechen der Gemeinde bekommt einen anderen Charakter, wenn in der Menschenweihehandlung der Zelebrant nach der Evangelienlesung die Gewänder ablegt, sodass er wieder in den Zustand des Weihekandidaten kommt, wie er in die Priesterweihe hereingetreten ist: als jemand, der sich zum Christus so existentiell bekennt, dass er sein Leben dem Priestersein widmet. Der Text, der dann als Bekenntnis gesprochen wird, ist kein Gebet, sondern eine Art Statement. Wir beten nicht, dass der Vater der Urgrund des Seins sein möge oder dass der Christus sein Sohn sei. Wir rufen auch nicht den Heiligen Geist herbei, damit er uns erleuchten möge. Vielmehr werden Tatsachen genannt. Die Bejahung am Schluss zeigt die existenzielle Verbindung des Zelebranten mit dem, was er ausgesprochen hat. Der Glaube, der hier offenbar wird, hat vieles gemeinsam mit dem Verständnis des Glaubens zur Zeit Jesu, als man im Glauben ein Versprechen der Treue zur geistigen Welt sah, was heute noch in Begriffen wie »glaubwürdig« mitklingt.

Nachdem uns die Evangelienlesung aus der Fülle an lebendigen Erinnerungen des Lebens Jesu Christi beschenkt hat, spricht das Credo in gedanklichen Formulierungen, die wir mit wachem Bewusstsein durcharbeiten können. Wenn wir die Frage: »Was sollen wir tun?« als Antwort auf das Hören des Evangeliums in uns vernommen haben, dann scheint das Credo eine Antwort zu geben: »Verbinde dich mit den Grundwahrheiten des Christentums, sodass du sie bejahen kannst!«

Diese Beschäftigung mit dem Credo dient unserem immer bewusster werdenden Konzelebrieren, dem lebendig erlebten Mit-Feiern der Menschenweihehandlung.[13]

In drei großen inneren Bewegungen zeichnet das Credo die Tatsachen von Schöpfung, Erlösung und Heiligung der Welt nach. Das große Geheimnis der ursprünglichen und letztendlichen Einheit der Welt leuchtet auf, wenn wir den Daseinsgrund als »geistig-physisch« beschreiben. Wir haben die Urbilder und Urkräfte allen Seins schließlich in dem göttlichen Urgrund der Welt zu suchen.

Zwei Bedeutungen von »Grund« klingen hier an. Der *Weltengrund* ist der Boden, das letzte Fundament, auf dem das ganze Sein ruht und aus dem es hervorgeht. Darüber hinaus ist der Grund die »Ursache«, die Begründung für alles, was ist. Dies in unserer Zeit lebendig zu denken, ist eine Herausforderung. Seit Jahrhunderten gilt auch in der Theologie die Spaltung in eine göttliche und eine irdische Welt; man kann sogar sagen, dass der moderne Atheismus nicht möglich wäre, wenn nicht schon seit dem 4. Jahrhundert die Welt durch entsprechende Theologien »entgöttlicht« worden wäre.[14] Den Daseinsgrund in allem anzuerkennen, jede Spaltung im Denken zu überwinden – das ist die Herausforderung des ersten Credo-Satzes.

Wir können diese Spaltung auch in uns finden, wenn wir zum Beispiel die praktischen Pflichten als notwendige Übel ansehen, anstatt sie mit der gleichen Aufmerksamkeit und Liebe wahrzunehmen wie die Aufgaben, die wir als spirituell erachten. Kann ich mich so zu meinem Leben stellen, dass ich in jedem Augenblick mit dem letztendlichen Seinsgrund im Einklang bin? Gelingt uns dies, wird es immer realer, den göttlichen Vater in den großen Gebeten am Anfang von Opferung und Wandlung als Weltengrund anzusprechen.

Wir vertiefen uns in das Mysterium des *Werdens*, das aus dem *Seienden* hervorgeht, wenn wir versuchen, uns die ewige Geburt des Sohnes aus dem Schoß des Weltengrundes vorzustellen. Geburt ist etwas Punktuelles: Vorher ist es noch nicht geschehen und nachher ist es vorbei. Sich dies in der Ewigkeit vollziehend vorzustellen, ist eine Herausforderung. Das Schicksal des Sohnesgottes, der das Werden selbst verkörpert, wenn er sich in eine Welt einfügt, die in alten Vorstellungen und alten Formen verkrustet ist, wird in den Sätzen über Jesu Geburt, Tod und Auferstehung zusammengefasst. Hier helfen die Evangelien: Ihre Bilder des Lebens Jesu füllen die knappen Sätze des Credos mit Leben.

Die letzten Sätze stellen die Wirksamkeit des Heiligen Geistes dar. Immer, wenn wir beten, wenn wir an Gott denken; immer, wenn wir unsere Aufmerksamkeit auf die Dinge der geschaffenen Welt richten, ist seine Kraft in uns am Werke. Auch in unserem Entschluss, uns zu etwas zu bekennen, wirkt er als Geist in uns.

An der Menschenweihehandlung teilzunehmen, ist in sich ein stilles Bekenntnis. In der Wandlung bitten wir den Christus, dass er dieses Bekenntnis des Willens mit Segen erfüllen möge. Im Zugehen auf die Kommunion bekennen wir uns auf zweifache Weise zu der göttlichen Welt, die sich in und durch Jesus Christus offenbart. Vor dem Empfangen des Brotes bekennen wir uns zu unserer Situation als Sündenkranke. Vor dem Empfangen des Weines bekennen wir uns positiv zu dem letztgültigen Seinsgrund. Wenn wir uns innerlich mit dem Credo beschäftigt haben, ist dieser Augenblick umso erfüllter.

In den Gebeten zur Osterzeit hören wir einen klaren Ruf, der uns auffordert, uns zum Tod und zur Auferstehung Christi als dem Erdensinn zu bekennen. Am Ende der Osterzeit können wir uns jedes Jahr aufs Neue die Frage stellen, wie ernst wir die Aufforderung der göttlichen Welt genommen haben. Meist fühlen wir eine gewisse Scheu, Menschen direkt von unseren spirituellen Erlebnissen zu erzählen. Wir merken vielleicht, dass das Feld belegt ist, und dass die kostbaren Worte – Gott, Christus, Heil – zu Phrasen geworden sind. Trotzdem begegnen wir unzähligen Situationen, in denen das richtige Wort ein Trost für Menschen sein kann, die sich von der scheinbaren Sinnlosigkeit ihres Leidens oder des Weltgeschehens überrollt fühlen. Ein einfühlsamer Takt ist hier gefragt, wir werden vielleicht lange warten, bevor wir den Christusnamen nennen. Wenn wir es aber wagen, vielleicht auch nur mit stammelnden Worten, den Menschen, die dafür offen und bereit sind, ein Gefühl dafür zu vermitteln, dass alles doch einen Sinn hat, dass gerade im Versagen und Tod der Ort neuen Lebens zu finden ist, – dann erfüllen wir unseren Auftrag, Verkündende des Erdensinns zu sein. Und selbst wenn wir uns ungenügend fühlen oder jemandem zu nahe treten und Ablehnung erleiden: Lohnt es sich dann nicht dennoch, solch kleine Peinlichkeiten zu erdulden, wenn wir uns an der großen Aufgabe versuchen, uns zu dem Christus in einer Welt zu bekennen, die meint, über ihn hinausgewachsen zu sein?

Das Credo wird vor der Schwelle gesprochen, die die Menschenweihehandlung in zwei Teile trennt. Der Wortgottesdienst geht in die Opferhandlung über. Nach dem Sprechen des Credo wird als Erstes der Kelch enthüllt, der bis dahin verhüllt auf dem Altar stand. In manchen Gemeinden in der frühen Kirche war es Sitte, dass die noch nicht Getauften – das heißt, die das Credo noch nicht gesprochen hatten – der Messe nur bis zur Evangelienlesung beiwohnen durften. Die Enthüllung des Kelches am Anfang der Opferung bezeichnet den Anfang einer Mysterienhandlung. Das würden wir heute selbstverständlich nicht mehr mit einem äußeren Ausschluss verbinden. Die Menschenweihehandlung steht jedem offen. Wer sich tiefer mit ihr und mit der Christengemeinschaft verbinden möchte, kann einen weiteren Schritt gehen und den Weg zur Mitgliedschaft suchen.

Mitgliedschaft

Die Verbindung zwischen Credo und Mitgliedschaft, die es in der Urkirche gab, besteht in der Christengemeinschaft fort. Neben der Eingliederung in die Gemeinde, die in jeder Menschenweihehandlung zu erleben ist, gibt es auch die Möglichkeit, die innere Verbundenheit mit der Christengemeinschaft durch einen formellen Akt zu festigen.

In einer Kirche, die in ihrem Gottesdienst keinen Unterschied zwischen Mitgliedern und Nicht-Mitgliedern macht, könnte die Mitgliedschaft überflüssig erscheinen. Gerade dadurch aber, dass das Angebot vollkommen freilassend ist, kommt diesem Akt eine umso größere Bedeutung zu. Man kann sich privat zu etwas hingezogen fühlen oder auch für sich eine tiefe Verbindung spüren. Doch wenn ich mich existenziell mit etwas verbinden möchte, will ich das auch den anderen, die beteiligt sind, bekanntgeben. Neue Mitglieder beschreiben oft, wie sich ihr Erleben der Kommunion vertieft, nachdem sie den Schritt zur Mitgliedschaft gemacht haben. Ihr Entschluss gibt ihrer Teilnahme Bestand. Das drückt sich wiederum auch im Rechtsleben aus: Die Mitglieder haben ein anderes Stimmrecht als andere Menschen, deren Beziehung zur Christengemeinschaft vielleicht tief gefühlt ist, aber noch keinen verbindlichen Ausdruck gefunden hat. Die Mitglieder werden als Erste um Unterstützung in Rat und Tat gebeten.

II

Eine freie Tat: Die Opferung

»Empfange, göttlicher Weltengrund … dieses Opfer.«

Gottesnähe und Gottesferne

Nach der Enthüllung des Kelches stehen wir vor dem Weltengrund und bitten ihn direkt, unser Opfer zu empfangen. Ich möchte meine Leser auffordern, sich einen Augenblick auf die Einmaligkeit dieser Situation und auf das einmalige Vertrauen, das sie verkörpert, zu besinnen.

Wir vertrauen darauf, dass das Gotteswesen, das aus sich heraus existiert und das Sein der Welt gebiert, unser Gebet hören wird, was auf eine kaum vorstellbare Nähe hindeutet.

Im nächsten Augenblick bezeichnet sich der Zelebrant als »unwürdiges Geschöpf«, das durch eine Kluft vom Weltengrund getrennt ist. Diese Wendung ist für manche Besucher der Menschenweihehandlung schwer nachvollziehbar. Die Empfindlichkeit rührt vielleicht daher, dass die Menschen sich über viele Jahrhunderte von den Kirchen als restlos sündhaft und schuldig betrachtet erleben mussten. Dann rebelliert der gesunde, freie Geist, etwa der der Humanisten, die gegen den Widerstand der Kirchen ein positives Menschenbild entwickelt haben.

Ein Blick auf unsere eigene Situation zeigt, dass unser Erleben gespalten ist. So sehr wir uns einerseits als schöpferisch und frei erleben können, erfahren wir andererseits auch immer wieder grundsätzliche Einschränkungen, die uns im Wege stehen. Nur einen Aspekt dieser Spannung zu leben, bringt uns in eine ungesunde Einseitigkeit und wird unserem Erleben nicht gerecht.

Im Fortgang der Opferung erleben wir in dem, was unserer begrenzten Natur entspringt, das Motiv, ein Opfer zu bringen. Unsere Abirrungen vom Weltengrund, unser Leugnen seines Wesens und unsere Schwächen sind dem Weltengrund schon zugeflossen. All das hat sich schon von uns gelöst und ist Teil einer größeren Wirklichkeit geworden. Die Welt ist ein organisches Ganzes, in dem es schließlich nichts gibt, was nicht auch Teil dieses Ganzen wäre.

Wir können die Tatsache, dass sich dieses alles schon von uns gelöst hat, als Gnade erleben. Wenn Johannes der Täufer von Jesus sagt: »Siehe, Gottes Opferlamm, das auf sich nimmt die Sündenlast der Welt« (Joh 1,29), können wir die Vorstellung haben, dass die Folgen der Sünden die Menschheit oder sogar die Welt zu erdrücken drohte. Das Bildwort »Erlösung« weist auf eine Schuld, die wir – wie eine Geisel – selber nicht bezahlen können. Wenn dem so ist, können wir uns fragen, was als Vorbereitung auf die Menschenweihehandlung diese Befreiung fördern könnte.

Ein erster Schritt besteht darin, dass wir uns in den Sinn des ersten Gebetes der Opferung vertiefen. Hier können uns die traditionellen theologischen Begriffe helfen, wenn wir uns von dem alten, uns zunächst moralisierend erscheinenden Sinn befreien können. In den Briefen des Paulus gibt es

Kataloge der Laster, die im Mittelalter zu den sieben Hauptlastern systematisiert worden sind.[15] Unter den Lastern können wir tiefe Veranlagungen verstehen, auf die wir keinen unmittelbaren Zugriff haben. Die Laster machen uns für Versuchungen anfällig, die uns sündigen lassen, was bedeutet, dass wir Schuld auf uns laden.

Angesichts der Schuld, die wir erkannt haben, können wir uns so bedrückt fühlen, dass wir zum seelischen Stillstand kommen. Da sehen wir vielleicht keine Perspektive, sie jemals auszugleichen. Mit der Zeit merken wir jedoch, dass es für den Fortgang der Welt genauso wenig wert ist, wenn ich mich der Verzweiflung hingebe, als wenn ich mich leichtfertig über meine Fehltritte hinwegsetze. Solche Verzweiflung wird mit dem Begriff *acedia* bezeichnet, die als eine »Faulheit im Geistigen« angesehen werden kann.

Die Schuld kann aber auch zur Triebfeder eines erneuerten Willens werden, vom Leben zu lernen, wie wir das oben bereits in Bezug auf die Passionszeit gesehen haben.[16] Die moralische Verantwortung besteht darin, so ehrlich aus den Fehlern zu lernen, dass man der begangenen Schuld alles erdenklich Mögliche abgerungen hat, um sich dann seinen Aufgaben aufs Neue und mit erweiterten Einsichten zu stellen.

Die Beichte, wie sie in der Christengemeinschaft gehandhabt wird, gibt uns die Gelegenheit, Belastendes aus der Vergangenheit der göttlichen Welt anzuvertrauen, damit wir für ihren Segen empfänglich werden.[17] Dies können Dinge sein, die durch unsere Einseitigkeiten entstanden sind, das Bewusstsein unserer Fehler etwa, oder alte Vorstellungen, die wir entwickelt haben, um uns vor der Wirklichkeit zu schützen.

Wenn wir uns auf die Menschenweihehandlung vorbereiten, können wir uns fragen, was uns noch belastet, was sich noch nicht von uns gelöst hat.[18] Aus solcher Selbstreflexion können wir auch ermessen, ob ein Beichtgespräch hilfreich sein könnte.

Die alten Sündenkataloge können hilfreich sein, wenn wir Selbsterkenntnis erlangen wollen. In unserem Zeitalter haben wir viel mit der *acedia,* der Faulheit oder Trägheit zu tun, wie wir oben schon sahen. Sie bezieht sich nicht nur auf äußere Pflichten, sondern auch auf die Anstrengung, die Wirklichkeit des Geistes in jedem Augenblick anzuerkennen. Wir sind von einer Denkart umgeben, die das Sein einer geistigen Welt leugnet und sich auf die sinnlich wahrnehmbare Welt beschränkt. Auch wenn sich das wissenschaftliche Weltbild im Verlauf des 20. und 21. Jahrhunderts in manchen Bereichen für neue Perspektiven geöffnet hat[19], ist ein materialistisches Bild des Menschen und der Welt die Basis für vieles, was unsere gesellschaftliche Wirklichkeit ausmacht. Die Arbeit mit dem ersten Satz des Credo bietet die Möglichkeit, dieser Problematik bewusst zu begegnen.[20]

Im persönlichen religiösen Leben hilft dieser inneren Arbeit an den Folgen der Sünde das Beten des Vaterunsers. Das griechische Wort *aphes*, das mit »vergeben« übersetzt wird, bedeutete ursprünglich »wegschicken« oder »loslassen«. In der Vorbereitung auf die Menschenweihehandlung kann es eine Hilfe sein, sich gründlich auf die Momente zu besinnen, in denen man Schuld erkannt hat, und das kann auch Situationen betreffen, in denen sich jemand anders an uns verschuldet hat. All das dient dazu, die Beteiligung an der Opferung zu vertiefen.

Im Kapitel über die Kommunion werden wir das Phänomen der Sündenkrankheit noch eingehender behandeln.[21]

Das Menschenwerk

Das Bewusstsein dessen, was uns vom Weltengrund trennt, wird unser Motiv, uns aktiv in den Fortgang der Menschenweihehandlung einzugliedern, indem wir die positiven Kräfte der Seele hinopfern. In ihrem Gottesdienst hören die Kinder in der Christengemeinschaft, dass wir Menschen berufen sind, »in der Welt zu arbeiten«. Wir haben bereits auf die alternative Bezeichnung des Menschen als *homo loquens* geschaut, den Sprechenden.[22] Von alters her haben Philosophen auch die Bezeichnung *homo faber* benutzt: der Mensch, der macht, der etwas schafft.

Im Zeitalter von Robotern und künstlicher Intelligenz wird die Frage, was der unerlässliche Beitrag des Menschen ist, immer brisanter. Wenn so viel Menschenarbeit genauso gut oder besser von Maschinen getan werden kann, was bleibt dann übrig, das nur von Menschenhand gemacht werden kann, wenn es seinen vollen Wert haben soll?[23]

In der Auseinandersetzung zwischen Theologie und Wissenschaft im neunzehnten Jahrhundert flüchteten manche Theologen in eine nicht haltbare Position, die versuchte, die Wirksamkeit Gottes in den noch nicht erklärten Lücken des wissenschaftlichen Weltbildes zu postulieren. Das wurde spöttisch als der »Lückenbüßer-Gott« bezeichnet. Wenn die Evolutionslehre die Entwicklung nur innerhalb der Arten erklärt, ahnte man in der Entstehung der Arten selber das

Wirken des Schöpfergottes. Problematisch wird es bei solchen Erklärungen, wenn stetig weitere Forschungsergebnisse hinzukommen, die die Lücken immer mehr ausfüllen. Dann schrumpft der Raum, in dem die Vorstellung Gottes noch »nötig« ist, auf null.

Im 21. Jahrhundert könnten wir analog dazu fragen, ob wir beim *Lückenbüßer-Menschen* angekommen sind. Über die mechanischen Arbeiten hinaus, die in der ersten industriellen Revolution von Maschinen übernommen wurden, gibt es seit der zweiten industriellen Revolution Computer, die Arbeiten übernehmen, die früher als unersetzlich menschlich angesehen wurden. Vieles, was ein Notar erledigt, kann von künstlicher Intelligenz besser durchgeführt werden. Auch Pflegedienstleistungen werden zunehmend von Robotern übernommen. Wenn Rechner Kunstwerke, Musikstücke oder Gedichte komponieren können, die auch die erfahrensten Kritiker verblüffen, wo werden dann die Lücken im Weltbild sein, in denen der Mensch seinen unerlässlichen Beitrag leisten kann?

Alles, was sich in einem Gottesdienst äußerlich abspielt, könnte auch von Robotern erledigt werden. Solch eine Schreckensvorstellung verdeutlicht, dass die äußeren Bewegungen der Geräte und die Klänge der Worte allein ohne Bedeutung wären. Auch in einem Sakrament wie der Menschenweihehandlung mit ihren stark ausgeprägten kultischen Formen darf das Handeln nicht im mechanistischen Sinne missverstanden werden. Der unerlässliche Anteil der Teilnehmer umfass alles, was sich in ihrem Innenleben ereignet. Zelebrant und Gemeinde messen der Kultushandlung einen Wert bei, der nur in der menschlichen Seele entstehen kann.

Das Geschenk

Alles Leben entfaltet sich in Rhythmen von Geben und Empfangen. Die einfachsten Lebewesen ernähren sich von ihrer Umgebung und geben Stoffe wieder ab, nachdem sie sie verwandelt haben. Bei den Tieren kommt ein weiterer Schritt hinzu: Über den bloßen Stoffwechsel hinaus versorgen die Tiere ihre Jungen, in manchen Fällen auch dann, wenn sie dadurch selber verhungern. Diese Triebe sind auch im Menschen zu finden. Über die biologische Notwendigkeit und die damit verbundenen Instinkte hinaus gibt es noch die Möglichkeit des Geschenks. Die frühesten Kulturen pflegten aufwendige Rituale um das Schenken.

Eine der zivilisatorischen Mangelerscheinungen des modernen Lebens besteht darin, dass viele Menschen so isoliert sind, dass sie niemanden haben, dem sie etwas schenken könnten. Märchen erzählen vom Geizhals, der in der Illusion, sich Sicherheit zu verschaffen, den Reichtum an sich reißt, nur um zu finden, dass er nichts hat, was wertvoll ist, weil er niemanden beschenken kann.

Von frühester Zeit an wollten die Menschen dasjenige, was ihnen wertvoll war, der göttlichen Welt zur Verfügung stellen. Damit ist die Empfindung verbunden, dass die göttliche Welt von der Nahrung, die ihr so entgegenkommt, Gebrauch machen kann. In dieser Tradition steht auch das Opfer in der Menschenweihehandlung. Statt eines Stieres opfern wir durch den Traubensaft unser Wollen; statt eines Lammes opfern wir mit dem Wasser unser Fühlen, und während die beiden Substanzen miteinander vermischt werden, opfern wir statt einer Taube unser Denken. Diese seelischen Attribute sind unsere Schätze. Das, was wir an äußeren Besitztümern schätzen, erhält seinen Wert durch innerliche Prozesse. Auch Gold an sich ist wertlos; nur der Wille hat einen Wert, der durch das Gold symbolisiert wird. Wenn der »Trank der Gesundheit« im Kelch dem Weltengrund geopfert wird, können wir uns in Gemeinschaft mit der Urmenschheit, auch mit den Menschen, »die noch nicht Christus hatten« fühlen, wie es in der Wandlung heißt.

Wie können wir das Opfer der Seelenkräfte real werden lassen?

»Zu Dir wende sich mein Wollen.«

Wir haben uns von unseren Alltagspflichten befreit und diese Stunde stattdessen der Menschenweihehandlung gewidmet. Die wache Beteiligung an der Menschenweihehandlung erfordert unseren Willen, der das Opfer des Fühlens und des Denkens ermöglicht.

»[ein] Fühlen, das sich eint mit Christus«

Die Gefühle erscheinen wie das Wetter der Seele: Sie entstehen und vergehen, und wir üben im normalen Leben wenig Kontrolle über sie aus. Wenn das Fühlen sich mit Christus einen soll, bedarf es einer Schulung, etwa im Umgang mit dem Evangelium oder mit dem Gebet. Die Besinnungen, die wie ein Leitfaden durch dieses Buch führen, sind als Hilfe bei einer solchen Schulung gemeint. Mit der Zeit beteiligen wir uns an der Menschenweihehandlung immer mehr mit unseren Herzenskräften.

»es lebe mein Denken in des Heiligen Geistes Leben«

Auch erfordert die Menschenweihehandlung eine Art Schulung des *Denkens.* Immer wieder klingt ein einzelnes Wort besonders in uns nach, und wir spüren die Neigung, darüber nachzudenken. Kaum haben wir angefangen, da merken wir, dass bereits ein ganzer Teil der Menschenweihehandlung vorbei ist. Oder wir beginnen, uns über etwas völlig Anderes Gedanken zu machen. Wie auch in der Meditation handelt es sich nicht darum, dass wir uns für dieses Abgleiten tadeln. Vielmehr ist es hilfreich, geduldig die Aufmerksamkeit wieder zum Geschehen am Altar zu orientieren.

Das Opfer erstreckt sich weit über den Augenblick der Anwesenheit in der Menschenweihehandlung hinaus. Vorbereitend auf sie könnten Übungen wie die Gedankenkontrolle oder die Willensschulung helfen, wie sie für den anthroposophischen Schulungsweg beschrieben werden.[24] Im Nachklang können wir merken, dass sich unsere Einstellung zu allem, was wir unternehmen, allmählich ändert. Darauf werden wir im Kapital über die Kommunion noch einmal eingehen.

Verinnerlichung

Das Alte Testament beschreibt einen Entwicklungsweg, der über den Opferdienst, wie er im Tempel zu Jerusalem ausgeführt wurde,[25] zu einem Pfad der Verinnerlichung führt, auf dem der äußere Opferkultus durch das Hinopfern der seelischen Eigenschaften ersetzt werden soll. Das kommt im 51. Psalm auf sehr starke Weise zum Ausdruck:

»Denn an Schlachtopfern hast du kein Wohlgefallen, sonst wollte ich sie dir geben; Brandopfer gefallen dir nicht. Die Opfer, die Gott gefallen, sind ein zerbrochener Geist; ein zerbrochenes und zerschlagenes Herz wirst du, o Gott, nicht verachten.«
(Ps 51,18–19)

Das Gleichnis des verlorenen Sohnes (Lk 15,11–32) zeichnet den Weg durch die ersten Gebete der Opferung ab. Nachdem der jüngere Sohn ins ferne Land reist, die väterliche Substanz verschwendet und den Weg »in sich hinein« findet, findet er auch seinen Willen, zum Mitarbeiter seines Vaters zu werden.

Dadurch wird er auf eine bestimmte Art und Weise zum Menschen, wie das der ältere Sohn noch nicht geschafft hat.[26] Wir ahnen die Bedeutung dieser Menschwerdung für die höheren Welten, wenn der Vater sagt: »Dieser dein Bruder war tot und ist wieder lebendig geworden, er war verloren und ist wiedergefunden.«

Mit dem ersten Gebet der Opferung können wir erkennen, wie weit wir uns von unserer »Heimat« entfernt haben, wie viel von der mitgegebenen Substanz wir verschwendet haben. Das Hingeben der Kräfte von Wollen, Fühlen und Denken entstammt dem Vorsatz, nun nicht mehr Empfangende der väterlichen Gnade zu sein, sondern Mitarbeitende Gottes zu werden.

»Wir alle nahen Dir mit der Seele, O Christus, auf dass Du uns mit Dir opferst.«

Nachdem der Kelch dem Weltengrund hingeopfert wurde, bitten wir den Christus, dass er uns in sein Opfer aufnehmen möge. Wir merken, dass die Opfertat Christi nicht abgeschlossen wurde – sie dauert in unserer Gegenwart fort. Im Johannesevangelium gibt es einen Schlüsselaugenblick, wenn sich die Vertreter der jüdischen Religion darüber empören, dass Jesus am Sabbat einen Gelähmten geheilt habe. Jesus gibt eine Antwort, die sie in ihrem Zorn nur weiter aufregt: »Mein Vater wirkt bis jetzt, und so wirke auch ich« (Joh 5,17). In den religiösen Vorstellungen der Juden war mit dem sechsten Tag die Schöpfung abgeschlossen. Der Sabbat war zum Andenken an die großen Taten der Schöpfung da. In diese Vorstellungswelt bricht eine völlig unerwartete Botschaft herein: Die erste Schöpfung soll Schauplatz einer neuen Schöpfung werden.

Im Hebräerbrief wird aus einer anderen Perspektive auf den gleichen Tatbestand geschaut. Hier wird erklärt, dass die alten Opferriten Vorahnungen des einmaligen Christusopfers waren. In diesem sind sie alle aufgehoben und erfüllt. Waren die Opfer in vorchristlicher Zeit Versuche, die irdische Welt wieder mit der göttlichen Welt in Verbindung zu bringen, ist Opfer im christlichen Zusammenhang ein Hereinholen eines zeitlich-überzeitlichen Ereignisses in das Hier und Jetzt: der Lebenstodestat Christi, wie es in der Michaeli-Epistel heißt. Wir gelangen in ein Zeiterleben, das im Neuen Testament veranlagt ist: Das Opfer Christi ist bereits ein für alle Mal vollzogen; seine volle Realisierung wartet noch auf die Endzeit. Im Opfern stellen wir uns in die Spanne von »ist schon« und »kommt erst«.[27]

Die Wende der Weltgeschichte leben wir nach, wenn wir

den Christus bitten, *unser* Opfer in *sein* Opfer aufzunehmen. Von diesem Zeitpunkt an, wenn immer in der Menschenweihehandlung vom Opfer gesprochen wird, können wir bedenken, dass dieses von zwei Seiten kommt: von dem, was wir hingegeben haben, und von dem, was vom Opfer Christi fließt.

Hierarchien

Engel, Erzengel und Archai als Diener des Heiligen Geistes wirken im Offenbarwerden der göttlichen Welt in der Evangelienlesung. In der Opferung gelangen wir in den Wirkensbereich noch höherer Wesenheiten. Wir begehen den Weg durch die vier Elemente, welche die antike Welt als Grundbestandteile der sinnlichen Welt ansah:

1. Das Element der Erde tritt hervor, wenn von der Gefahr gesprochen wird, dass wir unseren unsterblichen Wesenskern im Irdischen begraben könnten.
2. Das Element des Wassers wird in der Gestalt von Traubensaft und Wasser sichtbar, welche die Träger der Seelenkräfte bei der Opferung sind.
3. Der Rauch macht die Luft sichtbar, die die Worte unserer Gebete zur geistigen Welt hinaufträgt.
4. Schließlich entzündet sich im Opfer »das Feuer der wesenschaffenden Liebe«

Für das einheitliche Weltbild, das im Credo veranlagt ist, gibt es keine unbeseelte Natur, in der keine Wesenheiten wirken. In den Elementen wirken Wesenheiten, die mit den Wesen der zweiten Hierarchie zusammenhängen: den Geistern der Schöpfung. Am Schluss der Opferung scheinen durch das Liebesfeuer noch höhere Geister, wenn wir im Gebet darum bitten, dass die Flammen neues Sein erzeugen mögen. Die *Seraphim*, die Geister, die dem Thron Gottes am Nächsten sind[28], tragen als Namen das hebräische Wort für Flamme. Der Übergang vom zweiten Teil der Menschenweihehandlung, der Opferung, in den dritten, die Wandlung, führt uns aus dem Bereich der Schöpfung in den Bereich des Seins selbst. Nun gelangen wir in den Bereich des göttlichen Urgrundes, der die Wesenheiten der ersten Hierarchie zu seinen Wesensgliedern hat. Im Liebesfeuer bekommen wir Einblick in das feurige Herz der Liebe, das der Urgrund des Seins ist.

Selbst in unserem technologischen Zeitalter können wir noch die Zauberkraft des Feuers erleben, die uns in die Metamorphose von einer Daseinsweise in eine andere einführt, wenn sein lebendiges Spiel alles, was fest geworden ist, in Bewegung bringt. Faszinierend sind Feuer und Wärme auch, weil sie stark mit unserem Innenleben verwandt sind. Die alte Einsicht, dass Feuer der Urstoff der Welt ist, hat schon Heraklit (ca. 535–475 v. Chr.) in philosophische Begriffe bekleidet: Alles ist aus dem Feuer hervorgegangen, alle anderen Elemente sind abgekühltes, verdichtetes Feuer.

Die Vorstellungen der modernen Physik zeigen eine Ähnlichkeit mit diesem Bild des Urfeuers. Das merken wir nicht an den Einzelheiten, sondern in einer *Gestik*, die durch die Prozesse offenbar wird.[29] Die Hypothese über die Weltentstehung, die spöttisch von einem Gegner als »Urknall« bezeichnet wurde, ist eher eine Urausgießung von Wärme. Wenn Physiker erklären, wie das Universum vom Nicht-Sein ins Sein übergeht, dann kommt nach der Singularität – dem noch unerklärten Moment, in dem aus einem Zustand reinen Potentials heraus das Werden der Welt beginnt – eine Expansion von Energie, die sich zunächst in Form von Hitze beziehungsweise Wärme ausbreitet. Erst wenn diese sich abkühlt, beginnen sich die subatomischen Partikel zu bilden. Die Elemente, wie sie die Chemie kennt, verdichten sich noch später, beginnend mit Wasserstoff, dem Leichtesten.

In seinen Ausführungen zur Weltentstehung bringt Rudolf Steiner klare Schilderungen, die Licht sowohl auf die alten mythologischen Bilder als auch auf die Einsichten der modernen Kosmologie werfen.[30] Spirituell gesehen ist die Wärme die erste Offenbarung des göttlichen Willens, eine Welt zu erschaffen. Die *Throne*, unterstes Glied der ersten Hierarchie, entwickeln innerliche Wärme, die sie dann nach außen hinopfern. Höhere Wesenheiten nehmen zunächst die ganze geopferte Substanz hin. Dann kommt der Augenblick, in dem dieser Prozess unterbrochen wird. Ein Teil der Wärme wird dadurch frei. Bisher haben wir uns die Wärme, die unter den Wesenheiten kreist, als rein innere Natur vorzustellen, gerade so wie die moralische Wärme, die wir innerlich empfinden.

Es existiert aber von dem Moment der Unterbrechung an eine Wärme, die aus der Innenwelt Gottes herausgefallen ist und Grundlage einer Welt wird, die anders ist als Gott: eine Welt, die sich unabhängig von ihm entwickeln kann. Wenn wir alle Sinnesgegenstände als abgekühlte, verdichtete Wärme ansehen, können wir uns in die Opfergesinnung der alten Welt hineinfühlen. Den Objekten, die unsere Sinne wahrnehmen, wohnt eine göttliche Kraft inne, die sich danach sehnt, wieder befreit zu werden. Darüber hinaus können wir mitfühlen, wie man sich einen Segen erhoffte, wenn die Kräfte von ihrer Fesselung in irdischer Form befreit wurden.

In der Beichte, die als Vorbereitung auf die Opferung in der Menschenweihehandlung dienen kann, führt das Gespräch oder auch das Schweigen, das den ersten Teil des Sakramentes ausmacht, in einen liturgischen Wortlaut, der einen Weg des Opferns und Empfangens beschreibt. Hier sind es in erster Linie die Gedanken, die hingeopfert werden. Dass Gedanken zu dem gehören, was sich vom Ursprung in Gott abgewendet hat, kann man verstehen, weil sich jeder Gedanke als schon fertig Gedachtes immer – wenn auch nur wenig – von der sich ständig wandelnden Wirklichkeit entfernt hat. Hier ist vielleicht am ehesten zu erleben, wie aus dem Opfer etwas Neues entstehen kann: Was allzu fixiert in den Gedanken geworden war, macht für lebendiges Denken Platz. Ähnliches gilt für den Bereich der Gefühle, falls diese zu starr geworden sind, wie das bei psychischen Krankheiten der Fall sein kann. Auch der Wille kann zu fest werden, wenn zwanghafte Verhaltensmuster die Freiheit der Selbstbestimmung beeinträchtigen. Eine mögliche Vorbereitung auf die Menschenweihehandlung besteht darin, dass man sich ganz konkrete Vorstellungen davon macht, was man gerne den Flammen anvertrauen möchte, damit es verzehrt werden möge, wodurch man für das Neue ganz empfänglich wird.

Wenn wir am Ende der Opferung beim Feuer angekommen sind, können wir uns vorstellen, dass wir die Himmelsleiter von den Engeln bis zu den Seraphim bestiegen haben.[31] An dieser Stelle erklingt in der Weihnachtszeit für das ganze Jahr der Opferhymnus der himmlischen Hierarchien, den wir schon am Anfang der Menschenweihehandlung ahnen konnten.[32] Zunächst zogen uns in der Evangelienlesung die Wesenheiten der dritten Hierarchie in das Wechselspiel von Offenbaren und Empfangen. Die Schöpfergeister begleiteten uns in der Opferung. Im Opferfeuer blicken wir voraus in das Wirken der Wesenheiten der ersten Hierarchie, die sich in der Wandlung entfaltet. Das Wunder der Weltentstehung besteht darin, dass aus dem überzeitlichen Sein Gottes ein zeitliches Sein entsteht. Wir beten am Schluss der Opferung, dass aus dem Liebesfeuer ein »zeitloses Sein« hervorgehen möge.

Besinnung: Feuer

»In dem Opfer entstehe das Feuer
der wesenschaffenden Liebe.«

Ich erinnere mich an Erlebnisse, bei denen ich das innere Feuer gefühlt habe: das Feuer der Begeisterung; das Feuer der Liebe; das Feuer des berechtigten Zornes. Ich lasse diese Erlebnisse sich in vollem Umfang in meiner Seele entfalten. Dann lasse ich die Einzelheiten allmählich schwinden, sodass nur die Essenz der inneren Wärme übrig bleibt. Ich kann diese Wärme in meine Wesensglieder senden; mit der Zeit merke ich, dass ich sie immer aufrufen kann, auch dann, wenn mir kalt ist, etwa an einem kalten Tag oder wenn ich Angst habe.
Nun erfülle ich meine Seele mit der Vorstellung: Im Herzen des Seins lebt das göttliche Liebesfeuer, das

die Substanz der Seraphim ausmacht. Ich versuche, alles wegzudenken, was in der Weltschöpfung aus diesem Feuer entstanden ist, bis ich in den Zustand komme, in dem es nichts als die geistige Wärme gibt. Ich stelle mir die Schöpfung als das Ausgießen des Liebesfeuers vor. Jedes Ding, das ich wahrnehme, auch das kleinste Partikelchen, trägt etwas von diesem Feuer in sich.

Als Nächstes erinnere ich mich an das Johannifeuer: All die Balken, die wir mit Mühe aufgebaut haben, fangen allmählich Feuer. Im Herzen des Feuers scheint es, als würden die Balken zu einer einheitlichen Glut zerschmelzen. Alles Feste und Solide geht in die Flüssigkeit des glühenden Feuers über. Ab und zu fallen die Balken in sich zusammen und ein Strom von Feuerfunken fährt gen Himmel auf.

In einem weiteren Schritt denke ich an all das, was ich seelisch angesammelt habe. Ein ganzes Inventar der Seele trage ich mit mir: Fähigkeiten, Gewohnheiten, Vorlieben, auch Vorurteile und Einseitigkeiten. Ich trage dies alles zum geistigen Feuer am Altar und lasse es darin aufgehen. Einen Augenblick lang erlebe ich die Seele leer: Das Feuer ist verbrannt und es bleibt nur der Raum, an dem einst das Verbrannte stand.

Alle diese Gedanken und Vorstellungen lassen wir wiederum schwinden, bis die Seele ganz leer ist.

III

Das neue Sein: Die Wandlung

Wirklichkeit

Die Vorstellungen über die Natur der Wirklichkeit waren zur Zeit der Gründung der Christengemeinschaft stark im Wandel. Bereits Anfang des 19. Jahrhunderts hatte sich der Horizont des menschlichen Bewusstseins auf vielen Gebieten enorm erweitert. Neue Einsichten über die Natur der Zeit brachen wie ein gewaltiger Schock über die Gelehrtenwelt herein. Man musste sich mit der Frage auseinandersetzen: »Wie können die Äonen, die für die Entwicklungen der Geologie und der Evolution der Lebewesen nötig waren, mit den Zeitangaben des Alten Testaments in Einklang gebracht werden?«

Im weiteren Verlauf des 20. Jahrhunderts kam in Folge von Einsteins Relativitätstheorie noch eine gewaltige Erweiterung der Vorstellungen des Raumes hinzu. Die Existenz weiterer Galaxien wurde postuliert und dann durch weitere Forschungen belegt, was schließlich zu dem Bild des expandierenden Universums führte. Im Quantenbereich kam der Durchbruch zur Vorstellung einer Welt, in der der Stoff – bisher die feste Grundlage der Dinge – sich als Schwingungen von Kräften in stetigem Wandel offenbarte. Auch die absolute Grenze zwischen dem Beobachter und der außer ihm bestehenden Welt wurde in der Quantenphysik in Frage gestellt, als erkannt wurde, dass die Frage, mit der wir an die Wirklichkeit herantreten, diese direkt beeinflusst.

Auch die Entwicklungen in der physikalischen Kosmologie führten zu gewaltigen Änderungen des Weltbildes. Wenn es am Anfang des 20. Jahrhunderts noch als unzweifelhaft galt, dass die Welt ein ewig geschlossenes System sei, in dem nichts die Kette von Ursache und Wirkung unterbrechen konnte, so wurde in der Mitte desselben Jahrhunderts von Physikern allgemein akzeptiert, dass das Universum einen Anfang hatte, bei dem es aus einem ganz anderen Zustand hervorgegangen war. Damit wurde die Zwangsjacke des mechanistischen Materialismus gelockert.

Ein entscheidender Durchbruch war für die Gründer der Christengemeinschaft die Möglichkeit eines tieferen Einblicks in die Weltentstehung und in das Wirken der geistigen Welt als Grundlage des Physischen, die durch die Forschungen Rudolf Steiners eröffnet wurde. Hieraus ergeben sich Perspektiven, die die Kluft zwischen der Welt des wissenschaftlichen Erkennens und der Welt des Glaubens nicht nur theoretisch, sondern darüber hinaus mit inneren Erlebnissen überbrücken lassen. Im Zugehen auf die Gründung der Christengemeinschaft betonte Rudolf Steiner immer wieder, dass ein modernes religiöses Leben nur dann möglich ist, wenn wir ein einheitliches Weltbild haben. Das brachte er in der Frage auf den Punkt: Kann das Gebet wirksam sein? Wie kann etwas wie zum Beispiel die Wandlung von Brot und Wein in Leib und Blut Christi in das Weltsystem hereinwirken?

Wenn man zu Beginn des 20. Jahrhunderts an der Wirklichkeit der Wandlung festhalten wollte, musste man sich an der Autorität der katholischen Kirche orientieren. Sie lehrt seit dem Mittelalter, dass in der Transsubstantiation eine Art Wunder geschieht, bei dem die zugrundeliegende Natur (philosophisch: Substanz) von Brot und Wein mit der Substanz des Leibes und des Blutes Christi unter Bewahrung der äußeren Erscheinung ausgetauscht wird. Wenn man eine solche dogmatische Feststellung nicht akzeptieren konnte, konnte man die Wandlung aus rationellen Gründen nur ablehnen, eben weil das Universum keinen Platz für solche Wunder hatte. Sonst musste man sie zu einem bloßen Symbol für Jesu Verbundenheit mit uns erklären. In der Menschenweihehandlung können wir Erlebnisse haben, die über diesen Zwiespalt hinausführen. Ein neues Sein geht in den Elementen von Brot und Wein auf: das Sein der durchchristeten Natur.

Vergegenwärtigung

> »Lasse leben … in diesem Christusopfer den Leib
> und das Blut deines Sohnes.«

Im Prolog des Johannesevangeliums wird der Weg vom universellen Schöpfergeist zum Erdenmenschen als eine Art Ursakrament vorgezeichnet. Die Evangelien zeigen den Weg, wie der Christus schrittweise immer enger in die Verbindung mit der irdischen Wirklichkeit tritt. Er kündigt wiederholt an, was ihn die Folgen seiner Entscheidung für diesen Weg kosten werden, wenn er die Leiden des Menschensohnes prophezeit.[33] All das gipfelt in der Karwoche, in der er den Jüngern beim letzten Abendmahl seine irdische Existenz in Leib und Blut durch Brot und Wein schenkt. Dann führt ihn der Weg in den Garten von Gethsemane, wo er das absolute Verlassensein des irdischen Daseins erleben muss.[34]

Im Zentrum der Menschenweihehandlung wird das Evangelium von Gründonnerstag Tat. Das Tor in dieses Geschehen hinein sind Worte, die an den Leidenstod Christi erinnern. Darauf folgend nimmt der Zelebrant Brot und Kelch, während er Worte spricht, die aus der Sphäre des Abendmahls kommen. Er kniet nieder, bricht das Brot und beschreibt drei Kreuze über Kelch und Brot. Dieses vom Wort begleitete Tun lässt das Handeln Christi im Hier und Jetzt aufleuchten. Wir haben die *Chronos*-Zeit verlassen, die sich messen lässt, und die, von der Schöpfung angefangen, in einer Richtung in die Zukunft verläuft. Stattdessen treten wir in die *Kairos*-Zeit ein, die Zeit des Potenzials und der Erfüllung, genau wie der Täufer das Kommen Christi beschrieb: »Die Zeit [*kairos*] ist erfüllt, das Reich Gottes ist nahegekommen« (Mk 1,15).

In der Opferung haben wir gebetet, dass unser Opfer in das Opfer Christi aufgenommen werde. Um uns dies möglichst konkret vorzustellen, können wir an eine Art seelischer Substanzialität denken, die zusammen mit Wasser und Wein in den Kelch geflossen ist. Wenn wir danach im Gebet darum bitten, dass sich der Christus mit unserem Opfer einen möge, bedeutet das die Zugabe *seiner* seelischen Substanz. In der Wandlung bitten wir darum, dass Leib und Blut Christi in dem Opfer *leben* mögen. Zur seelischen Substanz kommt

Leben hinzu. Immer, wenn wir an das Leben Christi denken, können wir an das Leben denken, das wir uns schon in der Evangelienlesung als lebendige Sphäre vorgestellt haben, in der die Taten des Christus fortleben.[35] Eine erste Verwandlung scheint hier schrittweise vorgegangen zu sein: Unser Opfer wird vom Christus beseelt und dann belebt. Ein nächster Schritt findet statt beim Brechen des Brotes und in der Aufforderung, mit Brot und Wein Leib und Blut zu empfangen. Das von Christus beseelte und belebte Opfer wird Träger von Leib und Blut.

Im Lukasevangelium folgt auf das Austeilen von Brot und Wein der Hinweis an die Jünger: »Tut dies zu meinem Gedächtnis!« (Lk 22,19) Meistens wird hier das griechische Wort *anamimnesko* stark in der Richtung auf die Vergangenheit übersetzt, was zwar richtig ist, aber das Risiko mit sich bringt, das Feiern des Abendmahles zur bloßen Erinnerung an etwas Vergangenes zu machen, wie es in manchen protestantischen Kirchen auch verstanden wird.

Wir können es aber auch anders hören: Holet das Vergangene in das Jetzt. Lasset es ganz gegenwärtig werden; lasset es eine lebendige Wirklichkeit inmitten eurer Seele werden!

Ein Gemeindemitglied erzählte einmal, dass ihm während der Wandlung versehentlich seine Uhr aus dem Ärmel gerutscht sei und er unbeabsichtigt auf das Zifferblatt geschaut habe. Das sei ein Schock gewesen, den er nicht wiederholen wolle; dennoch sei es interessant gewesen, weil er bemerkt habe, was für unbewusste Vorstellungen er hinsichtlich des Verstreichens der Zeit während der Menschenweihehandlung in sich trug. Beim Anblick der Uhr wurde ihm klar, dass er erwartet hätte, die Zeiger stünden entweder still oder sie müssten so schnell herumlaufen, dass sie auf alle Ziffern gleichzeitig zeigen würden. Eine solche Wahrnehmung weist auf die Qualität der Zeit, in die wir nun eintreten.

In der Apokalypse sagt der Christus von sich: »Ich bin das Alpha und das Omega, Ursprung und Ziel der Schöpfung« (Offb 22,13). Die Wandlung verbindet nicht nur das Vergangenheitsereignis des Abendmahls mit unserem Erleben im Hier und Jetzt; sie verwirklicht prophetisch etwas, was sich in einer fernen Zukunft voll realisieren wird. Brot und Wein leuchten prophetisch als Zeichen für die ganze Erde auf, die einst ganz von Christus durchdrungen sein wird.

Besinnung: Abendmahl

Das Abendmahl wird in allen vier Evangelien beschrieben: bei Matthäus 26,17-30, Markus 14,12-26, Lukas 22,7-39 und Johannes 13,1-17. Diese Kapitel enthalten eine Fülle von Motiven, mit denen man sich beschäftigen kann, zum Beispiel:

- Die Fußwaschung (Joh 13,1-11);
- Jesu Voraussage des Verrates (Mt 26,24-25, Mk 14,18-21, Lk 22,21-23 und Joh 13,21-30;
- Segnen und Austeilen des Brotes und des Weines (Mt 26,26-29; Mk 14,22-25; Lk 22,15-20; auch 1 Kor 11,23-26).

Unter Verwendung einer der Methoden, die wir oben beschriebenen haben (siehe das Kapitel »Das Wort zum Leben bringen«) kann man sich inten-

siver in das Geschehen einleben. Das Buch *Die Drei Jahre* von Emil Bock ist sehr hilfreich. Hintergrundwissen findet man in einem guten Taschenbuchkommentar zum Neuen Testament. In den Gemeinden der Christengemeinschaft werden in der Karwoche oft Betrachtungen gehalten, die der Vertiefung dienen.
Es lohnt sich auch, sich die Darstellungen des Abendmahls in der Kunst anzuschauen. Vorrangig unter ihnen ist das Wandgemälde Leonardo da Vincis, das im Refektorium (Speisesaal) des Dominikanerklosters Santa Maria delle Grazie in Mailand zu sehen ist. Wie kaum ein anderes Bild – und auf diese Weise in Reproduktionen leider nicht wahrnehmbar – eröffnet dieses Kunstwerk den Raum des Abendmahls, sodass man aus der Rolle des Bildbetrachters herauskommt und in das Geschehen einbezogen wird.

Erkennen

»Nehmet dieses auf in Euer Denken.«

In den ersten nachchristlichen Jahrhunderten muss das Erleben der Wandlung so stark gewesen sein, dass die Art und Weise, wie man sie verstehen kann, kaum besprochen wurde. Als dann in der Zeit um die erste Jahrtausendwende die theologischen Überlegungen einsetzten, setzte man sich mit der Frage auseinander, was es bedeuten könne, wenn wir von Brot und Wein sprechen, als *seien* sie Leib und Blut Christi. Haben sie sich *real* verwandelt? Oder sind sie Symbole, die lediglich für uns eine Bedeutung haben, während sie für sich betrachtet keinerlei Veränderung erfahren?

Eine solche Fragestellung kann als Hilfestellung zur inneren Vertiefung dienen. Wenn wir sie innerlich bewegen, empfinden wir vielleicht ein Spektrum von Blickrichtungen mit Einseitigkeiten, die jeweils zu weit gehen: Wenn die Wandlung bloß ein Symbol ist – deckt sich dies mit unserem Erleben, dass wir selbst während der Kommunion eine Veränderung erlebt haben? Wenn sie sich andererseits mit physikalischen oder chemischen Methoden messen ließe – wäre diese Vorstellung dann nicht beinahe schon *zu* real?

Die Gegenüberstellung von inneren Werten und äußerer Objektivität gehört zu dem Bild der Wirklichkeit, das während des 20. Jahrhunderts ins Schwanken gebracht wurde, wie wir oben in Bezug auf die Quantenmechanik gesehen haben. Viktor Frankl hat als Erster auf psychologischer Ebene die Einsicht systematisiert, dass mein individuelles Erleben der Wirklichkeit davon abhängt, wie ich mich zu ihr stelle. Im menschlichen Miteinander wissen wir, dass wir die Entfaltung eines Anderen, etwa eines Kindes, dadurch hindern oder fördern können, wie wir auf das andere Wesen schauen. Das heißt: Meine Einstellung zur Wirklichkeit kann nicht nur mein Erleben von ihr, sondern auch sie selber ändern.

Wenn es sich um die sensiblen Kräfte handelt, welche die Bildung von lebendigen Formen beeinflussen können, hat zum Beispiel die Erforschung der Wasserkristallisation gezeigt, dass innere Zustände, denen man mittels der Sprache

Ausdruck verleiht, Auswirkungen auf die messbare Gestaltung von Kristallformen haben können.[36]

All das könnte ein Ansporn dazu sein, während der Opferung das Eingießen von Wasser und Wein mit der Vorstellung zu begleiten, dass die Seelenkräfte, die wir währenddessen zur göttlichen Welt hinwenden, der Mischung von Wasser und Wein, die dynamisch im Kelch vor sich geht, eingeschrieben werden. Ein nächster Schritt findet statt, wie wir oben gesehen haben, wenn die Lebenskräfte des Auferstandenen die Opfersubstanz durchdringen. Wenn wir betend darum bitten, dass der Christus in Brot und Wein »walten« möge, können wir uns vorstellen, dass die Leiblichkeit der Auferstehung, die von keinem materiellen »Stoff« erfüllt ist, sondern aus Lebenskräften besteht, in den Substanzen wirksam wird.

Die Vorstellung, dass Erdenstoffe Träger von seelischen und geistigen Kräften sind, dürfte nicht allzu schwer sein. Der letzte Schritt im Prozess der Wandlung geht aber darüber hinaus, wenn wir darum bitten, dass Brot und Wein Leib und Blut *sein* mögen.

Ein Gemeindemitglied hat in einem Gespräch über Erlebnisse während der Kommunion einmal berichtet, dass ihn während des Wartens auf das Empfangen der Kommunion eine Einsicht erfüllt habe, die sich in den Worten ausdrückte: »Dies ist dies.« Er entdeckte in sich die Möglichkeit eines »Erkennens«, das tief unter der Schicht des Intellektuellen lag. Er wusste mit großer Sicherheit, dass sich uns der Seinsgrund als Christi Leib und Blut fortdauernd schenkt.

Ein anderes Mitglied erzählte, wie er im Augenblick der Wandlung eine Art Umstülpung seines Bewusstseins erlebt habe. Vom Altar her seien Lichtbänder erstrahlt, vergleichbar den Bändern um einen Maibaum. Merkwürdigerweise habe er sich mit all diesen Bändern verbunden gefühlt, als würde er sich selbst im ganzen Umkreis bewegen. Er wurde von der Überzeugung erfüllt: Dieses Licht, das mich hier umgibt, ist das eigentliche Sein, das auch meiner alltäglichen Wirklichkeit zugrunde liegt.

An solchen Erlebnissen, die stellvertretend für viele andere stehen, merken wir das neue Sein, das in der Wandlung entsteht. Allerdings ist das »Sein« des Leibes und des Blutes anders als das Sein des Tisches, an dem ich dieses Buch schreibe. Der Tisch, so wie alle anderen Gegenstände um mich, *ist*, weil eine lange Kette von Ursachen ihn bis zu diesem Augenblick gebracht hat. Am Altar *sind* Brot und Wein Leib und Blut, weil sie an Wirkungen angebunden werden, die aus der Zukunft in die Gegenwart hereinwirken.

> »Deines Geistes Gnadekraft wirke erdenwärts
> wie dieses Opfer strebet himmelwärts.«

Vor dem Höhepunkt der Wandlung bitten wir im Gebet darum, dass ein Strom der Gnade sich von oben wirkend mit dem heraufstrebenden Opfer vereinen möge. Wir treten in die Doppelbewegung des Heiligen Geistes ein, der seine Wirksamkeit als Vermittler im »Dazwischen« entfaltet.[37] Nur ein Erkennen, welches in das leuchtende Leben des Heiligen Geistes aufgenommen worden ist, wie es in der Trinitätsepistel heißt, kann das Sein von Leib und Blut Christi umfassen. Geist strahlt als Gnade zur Erde herunter und bewirkt die Wandlung. Der Geist in uns schaut zur Wandlung herauf und lässt uns das wahre Sein erahnen. Geist begegnet sich selbst in der Wandlung und heilt somit die gespaltene Welt.

Aus den Augen der Hierarchien schauen

Am Ende der Opferung bitten wir darum, dass ein »zeitloses Sein« in der Opferflamme erzeugt werden möge. Mit der Zeit kann uns der Zusammenhang zwischen dem neuen Sein und der Bitte aufgehen, dass Brot und Wein Leib und Blut *sein* mögen, die zum Höhepunkt der Wandlung erklingt. Die zarten Erlebnisse, auf die wir oben geschaut haben, weisen darauf hin, dass die verwandelten Substanzen die ersten Keime des neuen, zeitlosen Seins sind, das sich im irdischen Sein offenbart.

Oben haben wir versucht, uns in das Bewusstsein der Engel, Erzengel und Archai zu versetzen.[38] Schon die gedankliche Vorstellung, dass ein solches umfassendes Bewusstsein auf uns schaut, kann hilfreich sein, wenn wir aus einer höheren Perspektive auf die Ereignisse unseres Lebens und des Zeitgeschehens schauen wollen. Das lässt sich auf alle Ränge der hierarchischen Wesenheiten erweitern. Das Bewusstsein der Seraphim, die wir in der Opferflamme am Schluss der Opferung erahnt haben, umfasst Vergangenheit und Zukunft der Erde. Sie schauen auf die Erde als den Ort, an dem sich das Ziel der Welt erfüllen wird, wenn Menschen sich entscheiden, in Freiheit schöpferisch zu werden und zu lieben. Der Sinn der Erdeninkarnation Christi ist es, diese Möglichkeit, die bedroht war, zu erretten. Durch die Inkarnation hindurch durchdringt er die Wesensglieder *eines* Menschen, bis er in der Auferstehung eine neue Menschennatur erschafft. Was in der Inkarnation im Menschen Jesus von Nazareth geschah, soll sich auf alle Menschen fortpflanzen. Das neue Sein, das seine Erstlingsfrüchte in der Wandlung zeigt, soll am Ende die ganze Erde umschließen. Das erste Sein war der ganze Kosmos, der dem Menschen die Möglichkeit gab, sich in Freiheit zur Liebe zu entwickeln. Das neue Sein offenbart sich in Brot und Wein als Leiblichkeit des neuen Menschen, der sich zu einem neuen Kosmos erweitern soll.

Besinnung: Die Wandlung

Diese Gedanken werden hier in der Hoffnung ausgesprochen, dass sie dem neuen Denken dienen, das in der Wandlung den Auftrag bekommt, Tod und Auferstehung Christi zu denken. Hoffentlich ist deutlich, dass dies ein völlig anderer Ansatz ist als der Versuch nur über die Wandlung nachzudenken. Fassen wir zusammen, welche Bausteine diesem Denken zur Verfügung stehen:

- Das Universum hat einen Anfang, vor dem ganz andere Gesetze galten als diejenigen, die jetzt als universell und unveränderlich gelten.
- Am Schluss der Opferung werden wir in das Geheimnis hereingezogen, dass im Erdensein ein neues Sein entstehen will.
- Die Hingabe des Christus, indem er beim letzten

Abendmahl sein Wesen in Brot und Wein ergießt, ragt in der Wandlung in die Gegenwart herein.

- Die Trennung zwischen Innenwelt und Außenwelt ist ein Konstrukt eines bestimmten Bewusstseins, das der Wirklichkeit nicht entspricht. Wir sind mitverantwortlich für die Wirklichkeit, die wir erleben.
- Das neue Sein ist die von Christus ganz durchdrungene Erde.

Jeder dieser Gesichtspunkte könnte im Sinne der Besinnungen in der Vorbereitung auf die Menschenweihehandlung erst gedanklich, dann als Gebet vertieft werden. Ein solcher Schwerpunkt im Vorbereiten bereichert die nächste Menschenweihehandlung.

Das Vaterunser

Unser Umgang mit dem Vaterunser kann sich im Nachklang der Menschenweihehandlung ändern. Im Evangelium erleben wir das Wort, das Gottes innerstes Wesen offenbart: Das ist der Name Gottes, den wir durch unser Leben mit dem Evangelium heiligen können. Das Gottesreich wird im Erdenreich real, wenn wir im Einklang mit der himmlischen Welt handeln, wie wir es in der Opferung versuchen. In der Wandlung erleben wir für einen Augenblick, was bewirkt wird, wenn der Wille Gottes im Irdischen ausgeführt wird: Das »auf Erden« entspricht genau dem »oben in den Himmeln«. An dieser Stelle hat die Bitte um das Brot, das mehr als bloß alltäglich ist, sondern die wahre Nahrung darstellt, eine besondere Resonanz.

Im Zugehen auf die Kommunion, die uns in Einklang mit unserem wahren Selbst bringen will, haben wir uns noch einmal mit Schuld und Versuchung zu konfrontieren. Zuletzt machen wir uns klar: Allein sind wir nicht in der Lage, die Kräfte zu überwinden, die als das Böse in der Welt wirken. Ohne unsere Eigenverantwortung aufzugeben, erkennen wir, dass nur die Hilfe der geistigen Welt uns vorwärts bringen kann.

IV

Erfüllung: Die Kommunion

Begegnung

In ihren Gottesdiensten erlebten die Menschen seit jeher die Möglichkeit, der geistigen Welt zu begegnen. Ausdruck der Begegnung war ein geteiltes Mahl, das sie mit der göttlichen Welt teilten. In der Menschenweihehandlung machen wir die Schritte durch, die das Ziel haben, zu einer Begegnung zu führen. Das Evangelium kündigt die Ankunft an: Je nach der Wochenlesung dürfen wir uns auf den Christus als den Heilenden, Lehrenden, Verwandelnden freuen. In der Opferung bereiten wir die Wohnung unserer Seele auf den Besuch vor. In der Wandlung erleben wir den Augenblick, in dem der Gast endlich da ist. Auch bei einem Besuch zu Hause kann es im ersten Augenblick, nachdem wir die Tür bereits geöffnet und noch ehe wir die ersten Worte gesprochen haben, einen Augenblick der Stille geben. Schon das Beisammensein macht einen gewaltigen Unterschied.

Auch in der Menschenweihehandlung fühlt sich alles durch Christi Gegenwart anders an. Die besondere Stille, die während der Wandlung eintritt, ist der Ausdruck dafür. Dann geht es zum Mahl über, und damit zu einer wahren Begegnung. Über die äußere Nahrung hinaus, die wir mit unserem Gast teilen, ernähren wir uns durch das, was wir einander berichten. Das, was der Freund erzählt, wird zu einem Teil unserer selbst; wir empfinden auch, wie er das, was wir aussprechen, verinnerlicht. Wir bereichern uns gegenseitig in der Begegnung.[39]

Wenn wir die besondere Stellung der Kommunion innerhalb der Menschenweihehandlung begreifen wollen, brauchen wir sie nur einmal wegzudenken: Was wäre der Besuch, wenn er nach dem ersten Augenblick, in dem man sich erblickt, abgebrochen würde und man gar nicht zum Austausch käme?

Die Gebete, die die Kommunion einleiten, zeigen die vielseitige Wirkung der Begegnung mit dem Christus, die in der Kommunion möglich ist.

- Sie schenkt uns den Frieden als die Kraft, die Mitte immer wieder zu finden.
- Sie ist eine Belebung der Kräfte, die uns am Leben halten.
- Sie schenkt uns die Kraft, den Tod zu überleben.
- Sie stärkt uns vor dem Angriff der Mächte des Bösen und des Todes.
- Sie heilt uns von der »Sündenkrankheit«. Dies geschieht durch eine Arznei, die unser ganzes Wesen durchdringt, und bis in alle künftigen Zeitenkreise wirkt.

Jedes dieser Motive eignet sich für die vorbereitende Vertiefung.

Friede mit der Welt

»Friedvoll stehe ich zur Welt.«

In den Abschiedsreden (Joh 14-17) bereitet Jesus seine Jünger auf die Prüfungen vor, denen sie in der Welt werden standhalten müssen, und tröstet sie mit dem Versprechen seiner »Überwindung« der Welt.

> »Doch seid getrost: Ich habe die Welt überwunden.« (Joh 16,33)

Diese Überwindung bedeutet keine vernichtende Niederlage der Welt als solcher, sondern den Sieg über die Kräfte, die sie aus dem Zusammenhang mit dem Seinsgrund reißen wollen. Christi Abstieg in die Tiefen irdischer Erfahrung bis hin zum Tod am Kreuz, eröffnet ihm die Dimensionen des Erlebens, die am weitesten von der göttlichen Welt entfernt sind: Er wird zum der Helfer der Seelen, die ihr »göttliches Sein verloren hatten.«[40] Sein Friede mit der Welt ist der Ausdruck einer Bejahung der Welt mit all ihren Schatten.

Frieden mit der Welt zu entwickeln, heißt nicht, ihre schwierigen Seiten auszublenden. So sehr wir aufpassen müssen, nicht innerlich unter der Last der Schwierigkeiten unterzugehen, besteht die andere Versuchung darin, dass wir uns innerlich von ihnen distanzieren. Unabhängig davon, ob wir dies in Bezug auf die dunklen Seiten der Weltgeschichte oder auf die eigenen Schattenseiten tun, zerteilen wir damit die Welt, was nicht im Sinne des einen ultimativen Seinsgrundes sein kann.

Sündenkrankheit

»Bäume und Tiere haben kein Problem. Gott macht sie zu dem, was sie sind, ohne sie zu fragen, und sie sind vollkommen zufrieden. Bei uns ist es anders. Gott lässt uns frei, zu sein, was immer wir wollen. Wir können wir selbst sein oder auch nicht, ganz wie es uns gefällt … Unsere Berufung ist es nicht, einfach nur zu sein, sondern mit Gott zusammenzuarbeiten in der Schöpfung unseres eigenen Lebens, unserer eigenen Identität, unseres eigenen Schicksals.«

Thomas Merton[41]

Wie wir im Zugehen auf die Opferung gesehen haben, leben wir in der Spannung zwischen dem, was wir *sind* und dem, wovon wir ahnen, dass wir es *werden* könnten.[42] Wenn wir über einen Tag, einen Monat oder ein Jahr unseres Lebens nachdenken, werden wir häufig bemerken, dass wir unsere Ziele oft nicht ganz erreicht oder sogar vollkommen verfehlt haben. Wir werden uns wahrscheinlich an Augenblicke erinnern, in denen wir gefragt waren, mit Rat oder Tat zu helfen – und daran, wie wir diese Möglichkeiten verpasst haben. Und auch an Momente, in denen jemand versucht hat, uns helfend entgegenzukommen, ohne dass wir es bemerkt haben.

Ein weiteres Problemfeld ist der Umgang mit der Zeit. Wie oft müssen wir erkennen, dass wir eine kreativere Lösung für ein Problem am Arbeitsplatz oder in unseren Beziehungen hätten finden können, wenn wir uns mehr Zeit genommen hätten? Oder wir merken, dass wir in unfreie Verhaltensweisen zurückfallen. All dies zeigt, dass wir uns um einen Verwandlungsprozess bemühen: Wir sind mitverantwortlich für unsere Identität und unser Schicksal, wie Thomas Merton sagt. Wenn die bloße Erkenntnis, wie wir uns zu ändern haben, genügen würde, um die Änderung zu bewirken, wäre es vergleichsweise einfach. Wenn wir aber versuchen, unser Verhalten in dem einen oder anderen Aspekt in Angriff zu nehmen, erleben wir immer wieder, dass wir in uns selbst auf Schichten treffen, die sich diesem Wandel widersetzen. Im Credo heißt die Situation, die tief in unserer Konstitution wurzelt »die Sündenkrankheit an dem Leiblichen der Menschheit«. »Leiblich« können wir hier weiterfassen als »körperlich«. Auch die Seele verfügt über eine Art der Leiblichkeit, die wir als die seelische Konstitution kennen. Und die gelernten Verhaltensmuster und Gewohnheiten wurzeln auch in festen Formen, die sich als Lebensleib beschreiben lassen.

Diese Einschränkung anzuerkennen, ist für den Menschen eine Herausforderung, der seine Taten als freier Mensch verantworten will: Die Folgen der Sündenkrankheit begrenzen unsere Freiheit vor jeder moralischen Anstrengung. Das haben die Pioniere der Zwölf-Schritte-Programme eingesehen, die diese Methode bei den Anonymen Alkoholikern und vielen anderen Menschen, die unter verschiedenen Arten von Sucht leiden, benutzen. Der erste Schritt besteht darin, anzuerkennen, dass man sein Problem nicht allein bewältigen kann, danach ergibt man sich einer höheren Macht (das Programm ist nicht religiös, daher wird die Identität dieser Macht offengelassen). Trotzdem übernimmt man die volle Verantwortung dafür, was man angerichtet hat, während man sich »im Griff der Sucht« befand. Menschen, die an die Grenzen ihres Lebens gelangt sind, entwickeln eine Ehrlichkeit sich selber und einander gegenüber, die atemberaubend ist.

Der Begriff »Sündenkrankheit« ist ein Spiegel, in dem wir eine Art Selbstdiagnose finden können. Die Reaktionen, die dieser Begriff in uns auslöst, werfen ein Licht auf die Folgen der Sündenkrankheit selber. Auf der einen Seite mag es uns in unserer Eitelkeit verletzen, uns als krank und heilungsbedürftig zu sehen. Andererseits können wir uns von unserer Situation als Sündenkranke erdrückt fühlen. Hier erleben wir die differenzierte Kraft der Widersachermächte. Eine Kraft lockt uns immer in ein »zu viel«, in die Überschätzung unserer Möglichkeiten, unserer Freiheit. Die andere zieht uns herunter und droht, uns unter der Last der irdischen Notwendigkeit zu erdrücken. Im Zeitengebet der Weihnachtszeit erleben wir zwischen »trügendem Scheinlicht« und »würdeloser Sinnensucht« den »Heilbringer des Erdenmenschen«. Auch wenn unsere Situation es nicht erfordert, bei einem Zwölf-Schritte-Programm mitzumachen, zeigt ein wenig Selbstreflexion, wie sehr wir auf die Stärkung unserer Mitte angewiesen sind, die uns in der Kommunion von Christus zukommen kann. Der Friede, der uns in der Kommunion versprochen wird, bringt uns nicht zum seelischen Stillstand; er ergibt sich vielmehr dynamisch aus dem Ringen mit den Widersachern.

Ein Blick auf das, was mit den alten Worten »Tugend« und »Laster« ausgedrückt wird, kann uns helfen, eine Selbstdiagnose zu finden. Zum Beispiel: Das Gegenteil von Großzügigkeit ist eindeutig der Geiz. Wie ist es aber mit der Verschwendungssucht? Wenn ich am Ende des Monates für meine Familie nicht einkaufen kann, weil ich jedem, der darum gebeten hat, ein großes Geschenk gemacht habe, ist das keine Tugend. Zwischen Geiz und Verschwendung besteht eine Mitte, die aus Großzügigkeit und einer Art Sorgfalt besteht.

Oder ein anderes Beispiel: Jeder wird anerkennen, dass Prahlsucht keine erstrebenswerte Haltung ist. Ihr Gegenteil wäre vielleicht die Selbsterniedrigung. Was wäre da die Mitte? Ein bescheidenes Selbstvertrauen? Ein Stolz auf Erfolg, der sich nicht auf mich bezieht?

All solche Fragen geben uns ein Instrument, die Folgen der Sündenkrankheit in uns zu erkennen. In der Selbstreflexion und im Spiegel unserer Umwelt können wir erkennen, wo unsere natürlichen Veranlagungen liegen.

Geduld und Ehrlichkeit sind gefragt, wenn wir in uns die Folgen der Sündenkrankheit erkennen wollen. Der Weg zur Selbstdiagnose konfrontiert uns mit den Widersachern, die uns davon abhalten, einen ehrlichen Blick auf unsere Situation zu entwickeln. Das Ringen um ein objektives Bild kann zu einem Gebet werden, in dem wir darum bitten, dass ein solches uns eingeräumt werden möge. Das Gespräch, das den ersten Teil der Beichte ausmacht, kann dabei eine Hilfe sein. Die Tatsache, dass ich mich vor Christus aussprechen darf, bringt Mut und Klarheit in meinen Blick auf meine Situation.

Im Übergang von der bitteren Erkenntnis des leeren Herzens zum Erleben des brennenden Herzens in der Passionszeit haben wir bereits auf die Reue geschaut.[43] Nur wenn wir uns ernsthaft mit den Folgen unserer Situation auseinandergesetzt und diese entsprechend tief gefühlt haben, wird die Selbsterkenntnis zum Vorsatz, die Verhaltensweisen, die möglicherweise tief verankerte Gewohnheiten sind, in Angriff zu nehmen.

Heilung

»die heilende Arznei«

Das Erlebnis, dass die Inkarnation Christi der Menschheit Heilung gebracht hat, ist die Grundüberzeugung der Kirche.[44] Diese Heilung ist nicht ein für alle Mal passiert; sie will nach und nach realisiert werden. Im letzten Abendmahl stiftet Christus die neue Beziehung zur göttlichen Welt. Die Apostel bekommen den Auftrag, diese Beziehung durch das Abendmahl fortzusetzen. Die frühen Theologen haben die Begegnung mit dem Christus beim Abendmahl als gleichwertig mit der unmittelbaren Begegnung mit dem Auferstandenen bewertet.

> »Zu Ihm sollen daher alle kommen, die geheilt werden wollen. Sie sollen die Arznei empfangen, die Er von Seinem Vater herabgebracht und im Himmel gemacht hat, und sie aus den Säften jener himmlischen Früchte zubereiten, die nicht verwelken.«[45]

Die Evangelien zeigen die vielen Facetten der heilenden Wirksamkeit des Christus auf. Er gibt eine neue Orientierung, indem er neue Möglichkeiten des Menschseins zeigt.

Die Kraft dieses Vorbildes ist in den Geschichten der Märtyrer zu sehen, anfangend mit Stephanus.[46] Er bringt die ausgleichende Kraft, die die Mitte gegen die einseitigen Verführungen der Widersacher frei macht. Er heilt auch physische Krankheiten, indem er das Ich des Anderen so stärkt, dass der ganze Mensch von ihm durchdrungen werden kann. Alles das lässt sich in der Menschenweihehandlung wiederfinden.

Die Erzählungen aus dem Leben Christi im Evangelium regen den neuen Menschen in uns an, der im alten Menschen geboren werden will. Wie wir gesehen haben, wird dies in der Wandlung gesteigert, wenn zu den Worten aus dem Abendmahlsgeschehen im Niederknien und Brechen des Brotes Taten hinzukommen. Auf der Ebene der Seele empfangen wir die Stärkung der Mitte. Dann dürfen wir die Substanzen empfangen, die durch die Wandlung gegangen sind. Wir empfangen Brot und Wein als Leib und Blut – das heißt: als Erdensubstanzen, die unserer Natur schon so verwandt sind, dass wir sie direkt als Ergänzung unseres Wesens erleben dürfen. Dieses Erleben wird durch die intimen Vorgänge um die Kommunion gestärkt: Wenn wir mit offenem Mund wartend stehen, sind wir ganz empfänglich; der Zelebrant tritt uns viel näher, als dies normalerweise möglich wäre; wir lassen uns von diesem Fremden berühren.

Großer Takt ist gefragt, wenn man sich über Erlebnisse äußert, die man in der Kommunion macht. Ein weibliches Gemeindemitglied erzählte einmal, was sie an den Menschen wahrgenommen habe, die nach der Menschenweihehandlung aus dem Weiheraum herausgekommen seien. Sie hatte im Foyer gewartet, um etwas anderes zu richten, dadurch bekam sie einen Blickwinkel, den man sonst nicht hat. Sie schilderte, wie die Gesichter geleuchtet haben. Die Menschen haben für Augenblicke ausgesehen, als wären sie von ihren Alltagssorgen befreit worden. Ein sanfter Glanz habe sie umgeben. Ohne sich unter Druck zu setzen, tiefe Erlebnisse erlangen zu wollen (was solche Erlebnisse ja üblicherweise auch verjagt!), empfiehlt es sich, die Kommunion nachklingen zu lassen, in dem man sich zum Beispiel am Abend auf die Erlebnisse vorm Altar zurückerinnert.

Besinnung: Neues Leben

»Der Leib des Christus, den Ihr empfanget, und das Blut des Christus, das Euch belebt,
sie mögen Euch durchdringen, auf dass geheilet werde die Sündenkrankheit durch die gesundende Arznei, das Sakrament«
Es gibt viele Erlebnisse, an die man anknüpfen kann, wenn man sich auf die Belebung durch die Kommunion vorbereiten will. Ich bringe einige exemplarisch an dieser Stelle.

- Wir haben uns nach einer langen Krankheit erholt und fühlen die Lebenskräfte zurückkommen.
- Wir befanden uns in einem Konflikt – vielleicht wollten wir schon aufgeben. Alle waren verzweifelt, bis jemand den Mut fand, die ausweglos erscheinende Situation durch ein neues Wort, eine neue Einsicht zu durchbrechen.
- Vielleicht haben wir über Jahre hinweg von je-

mandem, den wir liebten, Entfremdung erlebt. Alle Versuche zur Versöhnung änderten nichts: Wir waren wie verdammt dazu, im Konflikt zu bleiben. Dann kommt eine Nachricht – vielleicht sind es nur zwei Sätze in einer SMS – und man weiß: Das Leben strömt wieder zwischen uns!
- Die Erlebnisse, die wir um Menschen machen, die im Sterben liegen, können hier sehr eindrucksvoll sein. Bei Krebs-Leidenden zum Beispiel scheint oft neben den körperlichen Leiden oder sogar durch sie hindurch ein Bewusstsein vorhanden zu sein, das über den Tod hinaus auf das neue Leben hinsieht.

Über persönlichen Erinnerungen hinaus gibt es auch andere Quellen:
- Die Bibel weist eine ganze Fülle von solchen Schilderungen auf, anfangend bei den Todeserweckung im Alten Testament und in den Evangelien über das Buch Hiob bis hin zu den mystischen Erlebnissen von Tod und neuem Leben, von denen Paulus berichtet.[47] Hier könnte man zur Vertiefung die Ansätze versuchen, die wir oben betrachtet haben (siehe das Kapitel »Das Wort zum Leben bringen«).
- Auch Berichte von sogenannten »Nahtoderlebnissen« können hier anregend sein.[48]

Alle diese Erlebnisse können wir in der Seele intensiv aufleben lassen, um sie dann nachklingen zu lassen, bis Stille eintritt. In diese Stille hinein kann man die Erinnerung an die letzte Kommunion aufrufen.

Sich einen mit dem Werden der Welt

»Wie eine Beziehung zu seinem Arbeitspartner leitet sich auch die Beziehung des Menschen zu Gott aus der gemeinsamen Arbeit ab. Anstatt die Welt auszuschließen, um in die Tiefen des anderen einzutauchen, wie es die jugendlichen Liebenden tun, finden Gott und die Menschen gemeinsam Freude daran, miteinander eine Aufgabe zu erfüllen.«

Harvey Cox[49]

Wenn die Priesterweihe, die in eine besondere Menschenweihehandlung eingegliedert ist, das Ziel hat, die Kandidaten zu befähigen, am Altar als Priester zu wirken, könnte man die Frage haben, wozu die allgemeine Menschen-Weihe, die in jeder Menschenweihehandlung geschieht, uns als Menschen »weihen« soll. Da können wir an das Bild der Berufung in das »Priestertum aller Gläubigen« (Offb 1,6) anschließen. Ziel dieses allgemeinen Priestertums ist es, unser ganzes Leben in eine Art Menschenweihehandlung zu verwandeln.

- Was das Verkünden des Evangeliums betrifft: Wir haben schon über die Beauftragung gesprochen, die uns in der Osterzeit zukommt, Christus als Erdensinn zu verkünden. Wie wir gesehen haben, bedeutet das nicht unbedingt, dass man sehr viel von Jesus oder Gott spricht. In unzähligen Situationen ist das Entscheidende aber nicht, was man sagt: Taten wirken oft mächtiger als Worte. Unser Interesse an unseren Mitmenschen ist ein lebendiges Zeugnis unserer Überzeugung, dass jedes Menschenschicksal einen Sinn hat.

- Das, was wir in der Opferung am Altar vollbringen dürfen, lebt in unserer Einstellung zum Leben fort. Sind wir immer wieder bereit, festgefahrene Vorstellungen wieder in Bewegung zu bringen? Woher gewinnen wir den Sinn unserer Taten? Stellen wir sie in den größten Zusammenhang, den ultimativen Seinsgrund selbst? Sind wir bereit, unsere Arbeit rein aus der Liebe zur Tat zu leisten, oder warten wir auf die Anerkennung von außen?
- Im Alltag die Wandlung zu verwirklichen, könnte bedeuten, dass wir so mit den Erlebnissen umgehen, die uns der Alltag bringt, dass sie für die höhere Welt durchsichtig werden. Schaffen wir Augenblicke der Stille, in denen sich die Gegenwart Christi in unserer Gegenwart offenbaren kann? Bereiten wir Christus in jedem Gespräch einen Platz, im Sinne seiner Verheißung: »Wo zwei oder drei in meinem Namen versammelt sind, da bin ich mitten unter Euch« (Mt 18,20)?

Solch eine Einstellung hat radikale Folgen. Ziel der Christengemeinschaft und der Menschenweihehandlung ist nicht, dass sich die Menschen möglichst lange in der Kirche aufhalten. Die Christengemeinschaft will der Welt dadurch dienen, dass sie uns gestärkt als solche heraussendet, die den Christus in sich tragen. Unser gemeinsames Begehen der Menschenweihehandlung soll uns für diesen priesterlichen Dienst in der Welt stärken. Eine solche Besinnung beseelte auch den Paulus, der in einem berühmten Passus schrieb:

> »... dass auch die Schöpfung selbst befreit werden soll von der Knechtschaft der Sterblichkeit zur Freiheit der Herrlichkeit der Kinder Gottes. Denn wir wissen, dass die ganze Schöpfung mitseufzt und mit in Wehen liegt bis jetzt; und nicht nur sie, sondern auch wir selbst, die wir die Erstlingsgabe des Geistes haben, auch wir erwarten seufzend die Sohnesstellung, die Erlösung unseres Leibes.«
> (Römer 8,21-23)

Besinnung: Wasser des Lebens

»Und er zeigte mir einen reinen Strom vom Wasser des Lebens, hell und klar wie Kristall, hervorquellend aus dem Throne Gottes und des Lammes.«
(Offb 22,1)

Hinter dem Altar strömt ein Wasserfall vom Wasser des Lebens herab. Besonders wenn sich der Zelebrant umwendet und die Worte »Christus in Euch!« spricht, strömt dieses Wasser durch ihn hindurch. Es strömt an uns vorbei durch die Gemeinde und weiter in die Welt hinaus. Die Erde ist ausgetrocknet wie das Flussbett in der Dürre. Das Wasser fließt in die Risse im Erdboden und macht ihn wieder feucht, sodass neues Leben keimen kann. Mit der Zeit bemerke ich, dass ich mich nach vorn wagen will, damit mich das Wasser durchtränken kann. Wenn ich mich dann wieder umdrehe, kann das Wasser durch mich hindurchströmen. Ich trage es dadurch in die Welt, die dieses Wasser dringend braucht.

Wenn die Schlussworte der Menschenweihehandlung ertönen, erkenne ich den Sinn dieser Stunde: Wir sind berufen, das Wasser des Lebens in die Welt, in alle Gebiete unseres Lebens, in jede Begegnung, jede Vorstellung, jede Berührung eines Naturwesens hinauszutragen.

Anmerkungen

1 Harvey Cox, *Stadt ohne Gott.* Kreuz Verlag, Stuttgart 1966.

2 Rudolf Steiner, *Die Geheimwissenschaft im Umriss.* Kapitel »Die Erkenntnis der höheren Welten«, S. 299 in der Ausgabe von 1962, vor allem die Meditation zum Rosenkreuz, S. 309 und folgende.

3 Von der Gründung der Christengemeinschaft an stand das Priestertum Frauen und Männern gleichberechtigt offen. Mit Begriffen wie »Priester«, »Zelebrant« etc. sind im folgenden Text immer beide Geschlechter gemeint.

4 Siehe Johannes Lenz, *Ein Leib und viele Glieder. Was ist eine christliche Gemeinde.* Urachhaus, Stuttgart 2006.

5 Siehe Offb 22,1.

6 Für die weitere Lektüre über die himmlischen Hierarchien empfehlen sich zum Beispiel: Rudolf Steiner, *Geistige Hierarchien und ihre Widerspiegelung in der physischen Welt* (GA 110). Rudolf Steiner Verlag, Dornach [7]1991; ders., *Vom Wirken der Engel.* Freies Geistesleben, Stuttgart [6]2016; Hans-Werner Schroeder, *Mensch und Engel.* Urachhaus, Stuttgart, [6]2002 (derzeit vergriffen).

7 Vgl. Verfasser, *Die Inkarnation.* Urachhaus, Stuttgart 2017.

8 Vgl. Psalm 19.

9 Im Londoner *The Telegraph* erschien im Mai 2015 ein Artikel mit der Überschrift: »Sie wollen einfühlsamer sein? Hören Sie auf Ihren Herzschlag, sagen Wissenschaftler«. www.telegraph.

co.uk/science/2017/05/01/want-empathetic-listen-heart-beat-scientists-say/ (abgerufen am 14.03.2019)

10 Marshall B. Rosenberg, *Gewaltfreie Kommunikation. Eine Sprache des Lebens.* Junfermann, Paderborn 2016.

11 Origenes, *Philoc* 15.19.

12 Vgl. Hans-Werner Schroeder, *Das Evangelium im Jahreslauf.* Urachhaus, Stuttgart 1992.

13 Vgl. zum Credo: Ulrich Meier, *Das Credo.* Urachhaus, Stuttgart 2018.

14 Vgl. Verfasser, *Vom Dogma befreit,* S. 52ff.

15 Diese sind: Stolz (lat. *superbia*), Neid (*invidia*), Völlerei (*gula*), Geiz (*avaritia*), Faulheit oder Trägheit (*acedia*), Zorn (*ira*) und Wollust (*luxuria*).

16 Vgl. das Kapitel »Das Herz wird voll«.

17 Siehe hierzu: Ulrich Meier, *Die Beichte. Atem der Liebe – Das Sakrament der Menschwerdung.* Urachhaus, Stuttgart 2019.

18 Vgl. Mt 5,23-24: »Wenn du also deine Gabe zum Opferaltar bringst und dich da erinnerst, dass dein Bruder etwas gegen dich hat, so lass deine Gabe dort vor dem Altar liegen und geh erst hin und versöhne dich mit deinem Bruder, und dann komm und bring deine Gabe dar.«

19 Vgl. das Kapitel »Wirklichkeit«.

20 Vgl. das Kapitel »Worte, die etwas ausmachen«.

21 Vgl. das Kapitel »Sündenkrankheit«.

22 Zu *homo loquens* siehe auch S. 23.

23 Vgl. theguardian.com/technology/2017/may/08/virtual-reality-religion-robots-sapiens-book (abgerufen am 14.03.2019)

24 Vgl. Rudolf Steiner: *Wie erlangt man Erkenntnisse der höheren Welten?* (GA 10) Rudolf Steiner Verlag, Dornach [25]2018.

25 Siehe vor allem das 3. Buch Mose.

26 Vgl. Verfasser, *Vom Dogma befreit.* Urachhaus, Stuttgart 2010, S. 122 ff.

27 Vgl. »Vergegenwärtigung«, S. 65.

28 Siehe dazu die Offenbarung des Johannes, vor allem Kapitel 4.

29 Ich danke meinem Kollegen Dr. Hans-Bernd Neumann für den Begriff der Gestik in diesem Zusammenhang.

30 Rudolf Steiner: *Die Geheimwissenschaft im Umriss* (GA 40). Rudolf Steiner Verlag, Dornach [31]2013; siehe vor allem das Kapitel »Die Weltentwickelung und der Mensch«.

31 Vgl. Jakobs Traum von der Himmelsleiter: 1 Mose 28,10-19.

32 Vgl. das Kapitel »*Wer lässt es zu?*«.

33 Zum Beispiel Markus 8,31; 9,30-31 und 10,33-34.

34 Zum Beispiel Lukas 22,42. Siehe auch Verfasser, *Die Inkarnation*, S. 127ff.

35 Vgl. Kapitel »Das Leben Christi«.

36 Vgl. Bernd Kröplin und Regine C. Henschel, *Die Geheimnisse des Wassers*. AT Verlag, Aarau 2016, 5. Kapitel.

37 Vgl. Verfasser, *Vom Dogma befreit*, S. 84ff.

38 Vgl. das Kapitel »Wer lässt es zu?«.

39 Siehe Hans-Werner Schroeder, *Vom Erleben der Menschenweihehandlung*. Urachhaus, Stuttgart 1981, S. 10, wo eine ausführlichere Version dieses Gleichnisses zu finden ist.

40 Siehe das Credo der Christengemeinschaft.

41 Thomas Merton, *New Seeds of Contemplation*. New Directions, New York 2007 (Übersetzung des Autors.)

42 Vgl. das Kapitel »*Gottesnähe und Gottesferne*«.

43 Ebenda.

44 Vgl. Verfasser, *Die Inkarnation*, S. 105ff.

45 Vgl. Ambrosius, *Drei Bücher über die Pflichten des Klerus*, Buch 2, XI. (Übersetzung aus dem Englischen vom Autor.)

46 Vgl. Apg 7,54-60.

47 Z. B. 1 Könige 17, 17-24; Markus 5, 21-43; Joh 11; Röm 6, 1-14; Gal 2, 19-22.

48 Vgl. George G. Ritchie und Elizabeth Sherrill, *Rückkehr von morgen*. Francke Verlag, Marburg 2010.

49 Siehe Anmerkung 1.

Über den Autor

Tom Ravetz wurde 1964 in Leeds/England geboren. Seit 1991 ist er Pfarrer und lehrt als Dozent an allen drei Seminaren der Christengemeinschaft. Seine thematischen Schwerpunkte sind hierbei die Christologie und die himmlischen Hierarchien. Im Verlag Urachhaus sind bereits erschienen: *Vom Dogma befreit. Erfahrungswege zur Theologie der Christengemeinschaft* (2010); *Die Inkarnation. Durch Christus unser wahres Selbst finden* (2017).

Zeitfracht Medien GmbH
Ferdinand-Jühlke-Straße 7
99095 Erfurt, Deutschland
produktsicherheit@kolibri360.de

Druck:
CPI Druckdienstleistungen GmbH
im Auftrag der
Zeitfracht Medien GmbH
Ein Unternehmen der Zeitfracht - Gruppe
Ferdinand-Jühlke-Str. 7
99095 Erfurt